W0267011

Silvia Beyer • Meine Kinder spiegeln mich

Silvia Beyer

Meine Kinder spiegeln mich

Die Pubertät mit Hilfe der Spiegelgesetz-Methode® leichter bewältigen

ENNSTHALER VERLAG STEYR

Erklärung

Die in diesem Buch angeführten Vorstellungen, Vorschläge und Therapiemethoden sind nicht als Ersatz für eine professionelle medizinische oder therapeutische Behandlung gedacht.
Jede Anwendung der in diesem Buch angeführten Ratschläge geschieht nach alleinigem Gutdünken des Lesers.
Autorin, Verlag, Berater, Vertreiber, Händler und alle anderen Personen, die mit diesem Buch in Zusammenhang stehen, können weder Haftung noch Verantwortung für eventuelle Folgen übernehmen, die direkt oder indirekt aus den in diesem Buch gegebenen Informationen resultieren oder resultieren sollen.

www.ennsthaler.at

ISBN 978-3-85068-730-0

Silvia Beyer · Meine Kinder spiegeln mich
Alle Rechte vorbehalten
Copyright © 2007 by Ennsthaler Verlag, Steyr
Ennsthaler Gesellschaft m..b.H. & Co KG, 4400 Steyr, Österreich
Satz: Ennsthaler Verlag
Umschlaggestaltung: DIE BESORGER · Mediendesign & -technik · 4400 Steyr

Inhaltsverzeichnis

Danksagung

Dieses Buch ist meinen Kindern Daniela, Armin und meinem Stiefsohn Daniel gewidmet.

Mein Dank gilt auch Doris, die mich ermuntert hat, dieses Buch zu schreiben, und Christa Kössner für ihre großzügige Unterstützung bei der Durchführung dieses Vorhabens.

Weiters danke ich meiner Freundin Dorette und meinen Freunden Eberhard und Erich.

Vorwort von Christa Kössner

Kinder und Haustiere sind nach meiner Erfahrung die für uns aussagekräftigsten Spiegelbilder, weil sie uns den **Spiegel unseres Selbst** direkt und unverfälscht vor Augen halten. Die „Trotzphase“ von Kleinkindern, welche ungefähr im Alter von drei Jahren auftritt, wie auch die Pubertät heranwachsender Jugendlicher zählen wohl zu den größten Herausforderungen für Mütter und Väter – das ist eine allseits bekannte Tatsache. Es muss jedoch nicht sein, dass Eltern ihren Frust und ihre zeitweilige Hilflosigkeit in Anbetracht neuer (schrecklicher, böswilliger, fürchterlicher, verbotener …) Verhaltensweisen ihrer Kinder hinter noch mehr Strenge, noch mehr Verboten und noch mehr Ärger verstecken. Eltern könnten schwierige Situationen mit ihren Sprösslingen auch ganz anders sehen – indem sie die Spiegelbilder **ihrer Selbst** (!) als Botschaften einer höheren Instanz betrachten.

In jeder scheinbar negativen Eigenschaft, die sich besonders deutlich in der Pubertät zeigt – ja oft sogar vehement zum Ausdruck kommt – verbirgt sich eine Erkenntnis … ein Geschenk … für die betroffenen Eltern. Dieses Geschenk lässt sich unter Anwendung der Spiegelgesetz-Methode® in vier Schritten rasch und leicht herausfinden! Was tut mein Sohn *wirklich*, wenn er erst um zwei Uhr morgens heimkommt, anstatt um Mitternacht (wie von den Eltern vorgeschrieben)? Welche Eigenschaft versteckt sich *wirklich* im Verhalten meiner Tochter, die zum dritten Mal ihre Lehrstelle kündigt (trotz eindringlicher Gespräche mit den Eltern)? Welches Talent besitzt mein 15-jähriger Sohn *wirklich*, wenn er seinem Lehrer in deftigen Worten die Meinung sagt (obwohl er damit riskiert, von der Schule zu fliegen)? Um welche Begabung meiner 14-jährigen Tochter handelt es sich *wirklich*, wenn sie im Sommer lieber auf einer Wiese übernachtet als daheim (obwohl sie sich damit eine saftige Ohrfeige einhandelt)? Solche und ähnliche Fragen helfen uns Eltern fürs Erste schon mal auf die Sprünge, um der spirituellen Botschaft, gespiegelt durch unsere pubertierenden Kinder, näherzukommen.

Mein Sohn Thomas ist heute ein erwachsener Mann und ich freue mich mit großer Dankbarkeit jeden Tag über unser liebevolles, gutes Verhältnis zueinander. Wenn ich allerdings zurückdenke … erkenne ich heute als Spiegelgesetzprofi – ich darf mich an dieser Stelle ausnahmsweise so bezeichnen – natürlich meine vielen Erziehungsfehler, die mir als alleinerziehende Mutter besonders während Thomas' Pubertätszeit passiert sind. Die Freiheiten, die sich mein Sohn bereits im Alter von 13, 14 Jahren genommen hatte, sind jene Freiheiten gewesen, die ICH mir erst in den letzten zehn Jahren erlaubt habe … weil ich erst ziemlich spät den Spiegel „Thomas in der Pubertät" für mich selbst umsetzen konnte. Niemand hatte mir in all den Jahren zuvor einen Hinweis darüber geben können, wie einfach das Spiegelgesetz anzuwenden ist – vorausgesetzt allerdings … jemand **will** die **Verantwortung** für alle Spiegelungen in seinem Leben voll und ganz übernehmen. Mag sein, dass dies die größte Hürde für betroffene Eltern ist! Zu sagen: „Okay, mein Sohn hat sein Haar grün gefärbt. Das gefällt mir nicht. **Trotzdem** haben die grünen Haare mit mir etwas zu tun … weil mein Sohn ein Spiegelbild von mir ist." **Das** meine ich, wenn ich von „Verantwortung übernehmen" spreche. Ausklinken funktioniert nicht. Armes Eltern-Opfer spielen funktioniert auch nicht. Mehr Verbote und Liebesentzug funktionieren schon gar nicht, um pubertierende Kinder dorthin zu trimmen, wo wir sie haben möchten: in **unser** Fahrwasser. Aufgrund meiner eigenen, oft sehr schmerzvollen Erfahrungen mit meinem halb erwachsenen Thomas weiß ich genau, wovon ich hier spreche.

Wir wollen unseren pubertierenden Kindern **unseren** Stempel aufdrücken! Sie sollen sich so verhalten, wie wir uns als Jugendliche benommen haben, und vor allem – sie sollen gehorchen!

Vielleicht hältst du mich für überspannt oder verrückt, lieber Leser. Trotzdem bleibe ich dabei, dass wir im Spiegel unserer heranwachsenden Kinder **Geschenke** für uns selbst finden können, die unseren Horizont enorm erweitern und damit unser Wesen vollständiger machen. In diesem Sinn danke ich dir aufrichtig für deine Neugier, die so schwierige Zeit des Erwachsen-Werdens mithilfe der Spiegelgesetz-Methode® anders sehen zu wollen. Ja mehr noch, ich danke dir für deine Bereitschaft, die Botschaften deiner pubertierenden Kinder mit offenem Herzen entschlüsseln und annehmen zu wollen.

Christa Kössner

Vorwort der Autorin

Kinder zu bekommen und sie aufwachsen zu sehen, zählt für mich zu den schönsten Lebenserfahrungen – wenn es da nicht eine Zeit gäbe, vor der sich viele Eltern oder sagen wir sogar fast alle (!) fürchten: die Pubertät!

Ich möchte den Eltern mit diesem Buch und der Spiegelgesetz-Methode® nach Christa Kössner einen Weg zeigen, wie man die Kindererziehung sowie die Begleitung der Kinder ins Erwachsenenalter mit einem gewissen Humor und zugleich als eigenes Lernprogramm erleben kann. Kinder bieten uns einen Spiegel, vor dem wir nicht ausweichen können! Partner, Familienmitglieder, Bekannte oder Freunde kann ich meiden, doch die eigenen Kinder sind immer in meinem Umkreis.

Vor allem war es für mich eine Revolution, dass ich als Elternteil (!) von den Kindern lernen und damit zu größerer innerer Freiheit gelangen kann. Nicht, dass ich meine Kinder in einen von mir oder meinem Umfeld vorgeschriebenen Rahmen presste! Nicht, dass ich nicht auch mal verunsichert war, wenn Schwierigkeiten auftraten. Die Anwendung der Spiegelgesetz-Methode® in der Kindererziehung bedeutet ja nicht, dass alles zuckersüß verläuft. Es bedeutet aber sehr wohl, dass ich ein und dieselbe Situation mit meinem Kind völlig anders erlebe und dementsprechend anders damit umgehe, mit dem Erfolg eines friedlicheren und harmonischeren Zusammenlebens.

Als ich mich entschlossen hatte, eine Familie zu gründen und natürlich auch Kinder zu haben, war einer meiner ersten Gedanken: „Wie schaffe ich es bloß, die Pubertät zu überstehen?" Nach Erzählungen im Freundes- und Bekanntenkreis anscheinend ein „Horror-Trip"!

Ich habe lange Jahre in einer Schulberatungsstelle gearbeitet und hatte dadurch viele Kontakte mit Eltern, Lehrern, Schuldirektoren, Kindern und Jugendlichen mit Problemen, Schwierigkeiten, Frust und Ärger. Vor allem sind mir damals der Druck und die Angst der Eltern aufgefallen, dass aus ihrem Kind etwas „Ordentliches" werden MUSS. Verhaltensstörungen bei den Kindern waren damit vorprogrammiert. Zu jener Zeit war es auch gerade sehr „modern", alles in Frage zu stellen, was bislang als Erziehungsarbeit gegolten hatte. Es gab viele neue Erkenntnisse über die „gesunde Ohrfeige", Gewalt gegenüber Kindern und Jugendlichen, Mitspracherecht der Eltern in der Schule, bis hin zu den Themen „Wie füttere ich meinen Säugling richtig?", „Wie gehe ich mit meinem schreienden Baby um?", „Wie wichtig ist der Vater? Die Mutter?", „Wie fördere ich die Begabungen meines Kindes?" und einigen mehr. Ich denke, du wurdest selbst genug oft damit konfrontiert. Von der Kindergärtnerin angefangen bis hin zur Erbtante wusste auf einmal jeder, was ich (!) gut oder schlecht bei der Erziehung meiner Kinder mache. Nimmer endende Ratschläge!

Es fiel mir damals besonders auf, dass vor allem in einschlägigen Illustrierten, Elternheften und Büchern nachzulesen war, wie ich als Elternteil zu sein hätte. Wenn ich Schwierigkeiten hatte, diese Ratschläge zu kapieren, gab es immer noch das Angebot der professionellen Hilfe von Psychologen, Therapeuten und Erziehungshelfern. Dies ist auch okay und ich halte es auch heute noch für wichtig, in bestimmten Situationen professionelle Hilfe anzunehmen.

Als ich meine Zwillinge bekam, ein Mädchen und einen Jungen, war ich gut vorbereitet! Immerhin war ich mit meinen Erkenntnissen auf dem neuesten Stand – und damit voller Power, es anders zu machen als meine Eltern. Bis zum 2. Lebensjahr meiner Kinder hat das auch sehr gut funktioniert. Das einzig

Unangenehme daran war, dass ich mich in einer Art Dauerstress befand, damit ich nur ja keinen Fehler (!) machte. So quasi … nur EIN kleines Fehlerchen … und es gibt bei meinem Kind einen Schaden, der vielleicht nicht mehr zu richten ist.

Mein Sohn war ein sehr aktives Kind, es gab nichts, was ihn nicht interessierte! Dadurch durfte ich ununterbrochen hinter ihm her sein. Meine Tochter war ein sehr zorniges Kind. Zornanfälle waren an der Tagesordnung. Als Auslöser genügte schon ein nicht nach ihren Vorstellungen gekrümmtes Kipferl! Das war besonders angenehm in Geschäften oder bei Besuchen von Verwandten oder Bekannten, wie du dir bestimmt vorstellen kannst …

Ich bekam natürlich sehr viele verschiedene Ratschläge, wie zum Beispiel: Die Kinder brauchen mehr Verständnis und Liebe. Die Kinder brauchen eine kalte Dusche oder eine richtige Ohrfeige. Oder: Alles was jetzt falsch gemacht wird, rächt sich in der Pubertät.

Da ich eine moderne Mutter war, blieb ich klarerweise voller Verständnis und liebevoll! Jetzt ist aber auch eine verständnisvolle, liebevolle Mutter das eine oder andere Mal wütend oder zornig oder sie ist ganz einfach überfordert. Genau DAS war mein Thema. Ich war tatsächlich manchmal zornig, wütend und verzweifelt – aber stets mit einem sehr schlechten Gewissen!

Zusätzlich gab es eine Veränderung in meinem Leben, mit der ich absolut nicht gerechnet hatte und die in mein Perfektionsbild überhaupt nicht passte: Der Vater meiner Kinder und ich trennten uns, zwar in gutem Einvernehmen, aber trotzdem brachte es meine gut durchdachte und bereits um Jahre vorgeplante Zukunftsvision sehr ins Wanken. Nun musste ich komplett umdenken! Vor allem hörte ich verschiedenste Bemerkungen, wie negativ sich Trennungen und Scheidung auf Kinder auswirken, obwohl mein Ex-Mann und ich bis heute freundschaftlich verbunden sind.

Innerhalb kürzester Zeit habe ich einen neuen Mann kennengelernt und wir beschlossen ziemlich bald zusammenzuziehen. Er brachte einen Sohn mit, der um ein Jahr älter war als meine Zwillinge. Damals waren meine Kinder fast drei und mein zukünftiger Stiefsohn fast vier Jahre alt. Und wiederum wurde ich bombardiert mit „guten" Ratschlägen und negativen Vorhersagen.

Als hätte sich ein Bienenschwarm in meinem Kopf eingenistet, wusste ich bald nicht mehr, was ich tun sollte. Alles, aber anscheinend auch alles, war falsch und ich verfiel zusehends in eine Art Versagersyndrom. Ängste plagten mich und ich war ununterbrochen darauf bedacht, für meine drei Kinder alles optimal zu managen. Nebenbei ging ich Vollzeit arbeiten und war damit auch beruflich gefordert, mein Bestes zu geben. Da es mir sehr an Selbstwert und Selbstbewusstsein mangelte, brachte mich Kritik immer mehr in einen depressiven Schlamassel und zugleich geriet ich immer mehr in Stress, die vielen gut gemeinten Ratschläge zu befolgen. So wurden Depressionen und körperliche Krankheiten meine ständigen Begleiter.

Um das Ganze noch zu vervollständigen, hatte ich sehr starke negative Urteile über die Mutter meines Stiefsohnes und übernahm auch gleich ihre Aufgabe, das Kind ordentlich umzuerziehen. (Heute weiß ich, wie sehr ich mich in diesem Konkurrenzkampf aalte … und das war ja letztlich auch das Pünktchen auf dem i.)

Eltern kennen alle Emotionen. Liebe und Freude … Angst, Unsicherheit, Ratlosigkeit, Verzweiflung … dadurch entstehen Zorn, Wut und Frust. Es leidet das Verhältnis zwischen Kindern und Eltern und wirkt sich oft jahrelang negativ im Familienleben aus. Mit stark ausgeprägter Beharrlichkeit unterdrückte ich meine negativen Gefühle, um ja eine GUTE Mutter zu sein. Eine gewisse Zeit lang, und zwar bis die Kinder die Volksschule und die ersten zwei Jahre im Gymnasium hinter sich hatten, haben sich diese meine Bemühungen bewährt.

Aber so ab dem zwölften Lebensjahr änderte sich einiges schlagartig. Ich habe mich immer sehr darüber gefreut, dass meine Kinder selbstbewusst und eigenständig waren und trotzdem halbwegs folgsam. In der zweiten Klasse Gymnasium hatte meine Tochter einige Schwierigkeiten in Mathematik und schön langsam begannen wir uns darüber Gedanken zu machen, für das Kind eine andere Form der Schule zu wählen.

Außen zeigte ich mich von einer sehr lockeren und gelassenen Seite, innerlich brodelte es! Von einer sehr lieben Freundin bekam ich den guten Rat offeriert: „Wenn du nicht ins Fitnessstudio gehen würdest und stattdessen mit deiner Tochter Mathe lernen würdest, könnte so was gar nicht passieren." BUMM! Das fuhr ein. Folgsam ließ ich gleich einmal das Fitnessstudio sein und setzte alles in Bewegung, um mit meinem Kind zu lernen. Dabei gab es aber einen Haken. Daniela lernte zwar, doch zwei Stunden später war das Gelernte wie weggeblasen und die Schularbeiten wurden trotzdem Fünfer. Wir mussten einfach akzeptieren, dass sie Mathe nicht verstand. Also wechselte sie in eine Sporthauptschule. Äußerlich tat ich auf cool, innerlich schaute es ganz anders aus. Nachdenken war angesagt. „Welcher Fehler ist mir da passiert? Und den muss ich auf jeden Fall in weiterer Zukunft vermeiden!" War ein super Gefühl, da sich mein Stresspotenzial vergrößern konnte!

Armin hatte keine Lernprobleme, aber er war sehr aufgeweckt. Er verstand es sehr gut, die Aufmerksamkeit während der Unterrichtsstunde auf sich zu lenken. Entweder redete er immer dazwischen oder er machte sich mit Geräuschen bemerkbar. Besonders in der Volksschulzeit war das ein Thema. Ich musste öfters in die Schule und seine damalige Volksschullehrerin meinte: „Armin ist verhaltensauffällig." Mit diesem harten Urteil war ich fast überfordert. Sie meinte auch, es wäre eine Therapie angebracht. Ich konnte mir das nicht erklären, da im Kindergarten alles geklappt hatte.

Vor allem war ich durch meine Tätigkeit in einer Schulberatungsstelle mit „verhaltensauffälligen" Kindern konfrontiert, doch in meinen Augen sahen diese anders aus. Intuitiv ließ ich mich nicht irritieren und sah von einer Therapie ab. Im Gegenteil, die Kindergärtnerinnen waren von Armin sehr angetan gewesen, weil er als Charmeur galt und für alles zu begeistern war. Er machte überall mit und war an allem interessiert.

Nach einem Gespräch mit der Volksschuldirektorin und einer Kinderpsychologin haben wir die Klasse gewechselt und von einer Verhaltensauffälligkeit war nichts zu erkennen. Seine neue Lehrerin konnte gut mit Armin umgehen, obwohl er von Zeit zu Zeit durch seine Lebendigkeit anstrengend war. Sie hatte ihn sehr gerne, weil sie ihn lustig fand. Sein Lustigsein war trotzdem manchmal sehr nervig. Wenn er so gut drauf war, war er nicht mehr zu stoppen. Vor allem sein Redeschwall war kaum zu bremsen und außerdem brauchte er viel Bewegung. Jetzt wurden Meinungen geäußert, Armin sei schlecht erzogen. Ich sollte viel strenger sein. Gegen eine strenge Erziehung sträubte sich alles in mir. Ich war froh, ein lustiges Kind zu haben, trotzdem war ich unsicher, ob ich nicht doch zu großzügig war. Gute Erziehung war für mich wichtig, aber ich wollte keine dressierten Kinder haben.

Wieder wurde mir prophezeit: „Warte, in der Pubertät wächst er dir über den Kopf! Vor allem im Gymnasium wird er große Schwierigkeiten haben."

Mit kleineren Auf und Abs verging die Unterstufenzeit und dann kam sie – die Pubertät.

Bei meinen Kindern zeigten sich plötzlich Seiten, die ich bisher nur von „schlecht erzogenen" Kindern kannte.

Für mich waren Kinder schlecht erzogen, wenn sie keine Tischmanieren hatten, zu Erwachsenen frech waren, ordinär schimpften und absichtlich etwas kaputt machten. Daniela und Armin hatten von allem, was ich als schlecht erzogen beurteilte, etwas. Jetzt hatte auch ich die Meinung, „schlecht erzogene" Kinder zu haben.

In einem absoluten Tief schickte ich einen Verzweiflungsschrei in den Himmel! Und siehe da, der „Zufall" kam mir sehr bald in Form eines kleinen Büchleins zu Hilfe: „Die Spiegelgesetz-Methode®" von Christa Kössner.

Nach nur einem Vortrag von Christa und zwei weiteren Workshops (später machte ich dann auch die Ausbildung zum Spiegelgesetz-Coach®) erlaubte ich mir eine völlig andere Sichtweise. Ich möchte euch, liebe Eltern, mit meinem Buch einladen, meine neue Umgangsweise mit pubertierenden Jugendlichen mit mir zu teilen. Gehen wir gemeinsam durch die Pubertät!

Jetzt behaupte ich auch noch, dass dieses eigenwillige, oft sonderbare Verhalten von Pubertierenden eine ganz andere Seite hat! In Wahrheit ist es ein Geschenk für die Eltern. Was kann ich lernen? Was soll ich im Spiegel meines pubertierenden Kindes erkennen? Welches Geschenk erhalte ich durch meinen frechen, aufmüpfigen und durchgeknallten Teenager? Warum ärgere ich mich überhaupt? Was macht mich zornig und lustlos?

Eine kurze Beschreibung der Spiegelgesetz-Methode®
nach Christa Kössner:

In meinem Gegenüber erkenne ich mich. Der andere dient mir als Spiegel. Ich kann im anderen immer nur **meine** Einstellungen oder Überzeugungen sehen. Das Verhalten meines Gegenübers beurteile ausnahmslos ICH – ob es jetzt lieb und nett ist oder gemein und unmöglich. Mit den positiven Eigenschaften hat ja kaum jemand Schwierigkeiten, aber wie schaut es mit den negativen aus? Was rumort in mir, wenn mein Kind sich verludern lässt oder mit grasgrünen Haaren herumläuft?

Unsere Kinder und Jugendlichen haben ja auch Phasen, in denen sie lieb und nett sind, brav lernen und streitfreie Gespräche möglich sind. Da freuen wir uns auch darüber und nehmen es locker, stolz und gelassen. Nur, wo bleibt unsere Gelassenheit, wenn es andersherum läuft?

Ich möchte in einigen wahren Beispielen beschreiben, was ich durch das Spiegelgesetz von Kindern lernen durfte. Erst mithilfe der Spiegelgesetz-Methode® erkannte ich im Verhalten meiner Tochter MEIN Geschenk: ICH leide an einem Versagersyndrom! ICH bin es, die sich nichts zutraut! Wobei das Wort „Versager" – so wie jedes andere negative Wort auch – einen positiven Kern hat ->

Nicht gleich alles hundertprozentig können zu müssen, sich Fehler zu erlauben, probieren und üben zu dürfen.

Ich muss gestehen, dass ich das Spiegelgesetz und die Methode dazu jetzt wirklich mittlerweile lebe und anwende. Es für mich zur Selbstverständlichkeit geworden ist, scheinbar negative Situationen voll anzunehmen und in ein Geschenk umzuwandeln. Anfangs bin ich immer wieder abgeschlittert. Gerade bei Kindern ist es eine echte Herausforderung, den Spiegel umzusetzen, weil sich Angst einschleicht und damit Unsicherheit gefördert wird. Wie oft musste ich mich fragen: „Was ist, wenn das so nicht stimmt?"

Die Spiegelgesetz-Methode® anzuwenden bedeutet für mich in erster Linie, die vollkommene Verantwortung für das Geschehen zu übernehmen. Damit meine ich, die Verantwortung über meine Urteile und Bewertungen, denn genau diese (negativen) Überzeugungen hemmen mich in irgendeinem Bereich meines Lebens.

Nachfolgend beschreibe ich in verschiedenen Szenen und Begebenheiten, was ich durch das Spiegelgesetz von meinen Kindern lernen durfte.

Die Pubertät setzte bei jedem meiner Kinder verschiedentlich ein. Manchmal hatte ich das Gefühl, bei Daniela hat sie schon mit drei Jahren begonnen. Im Nachhinein betrachtet, war auch Daniela, ich nenne es jetzt einmal so, am schwierigsten pubertierend. Armin und Daniel, mein Stiefsohn, waren die harmloseren.

Ich möchte mit dem Thema Schule beginnen, da mir auch Lehrer als gutes Spiegelbild gedient haben.

Der Eltern-Lehrer-Konflikt – ungerecht?

Wir kennen es alle, wie es sich anfühlt, wenn wir ungerecht behandelt werden. Das fängt in der eigenen Kindheit an und bei den eigenen Kindern setzt es sich fort. Vor allem in der Schule ist Ungerechtigkeit ein immer wiederkehrendes Thema. Kennst du das Sprichwort „Mit der Schule fängt der Ernst des Lebens an"?

Ich hatte mir damals vorgenommen, die Schulsituation meiner eigenen Kinder nicht allzu ernst zu nehmen. Bei vielen Eltern hatte ich beobachtet, wie Schulen verglichen und in gut oder schlecht eingeteilt wurden. Ich selbst wollte das zwar nicht machen, tat es aber im Endeffekt doch. Vor allem war es mir wichtig, Lehrer nicht als „Feinde" zu sehen.

Als meine Kinder eingeschult wurden, hatte ich mich über alle Lehrer in der Schule informiert. ☺

Weil meine Kinder im Kindergarten immer als die „Zwillinge" galten, hatte ich beschlossen, die Kinder in der Volksschule in getrennte Klassen zu geben. Die Kinder sollten nicht immer als „Zwillinge" behandelt werden, sondern jeder sollte eine eigenständige Person sein.

Wie ich schon erwähnte, hatte ich eine problemlose Volksschulzeit mit den Kindern, aber Ungerechtigkeiten waren trotzdem hin und wieder zu beobachten. Damit konnte ich noch gut umgehen, ich akzeptierte die verschiedenen Beurteilungen der Lehrer.

Wer hatte ein Sternchen als Belohnung bekommen und wer nicht? Dies war aber ein Thema, das mich nicht so berührte, da kann ich nur meine Beobachtungen der anderen Eltern wiedergeben. Hefte wurden untereinander ausgetauscht und „nachgeschaut“, ob die Sternchen gerechtfertigt waren oder nicht. Unstimmig für mich war dabei die Tatsache, dass es nicht die Kinder waren, sondern die Eltern, die sich für die Anzahl der Sternchen interessierten. Das bedeutet, dass die kleinen Schüler erst durch die Eltern aufmerksam gemacht wurden, dass es Ungerechtigkeiten gab! Daraufhin begannen natürlich die Kinder untereinander zu streiten. Trotzdem mir verschiedene „Ungerechtigkeiten“ aufgefallen waren, war dies für mich damals NOCH kein Thema!

Weil ich – wie schon anfangs erwähnt – sehr lange in einer Schulberatungsstelle tätig war, hatte ich einen ziemlich realistischen Eindruck davon, wie sich Eltern und Lehrer gemeinsam das Leben erschweren. Wir (ich und meine Kollegen in der Beratungsstelle) bekamen damals hunderte Anrufe. Besonders in den Krisenzeiten, zum Halbjahr oder Schulschluss, wurden wir mit Aussagen konfrontiert, wie zum Beispiel: „Mein Kind ist ungerecht behandelt worden, das ‚Nicht Genügend‘ ist ungerecht“; „Mein Kind hat alles gekonnt, aber der Lehrer hat falsch beurteilt, weil er mein Kind nicht mag“; „Ich weiß, ich habe ein intelligentes Kind! Aber der Lehrer erkennt das nicht, was so ungerecht ist!“

Meiner Meinung nach mangelte es an der Kommunikation zwischen Eltern und Lehren.

Gott sei Dank hatte ich aufgrund meiner Position einen recht guten Kontakt zu den Lehrern und ich versuchte immer, die unterschiedlichen Schilderungen von Eltern und den betroffenen Lehrern zu koordinieren.

Da kam die Gymnasiumszeit!

In der dritten Klasse AHS trennten sich die Klassen in die verschiedenen Zweige. Armin hatte sich den „neusprachlichen

Zweig“ ausgesucht. Er galt als sprachbegabt, was seine Lehrer und auch ich bestätigen konnten. Auf dem ersten Elternsprechtag fragte mich die neue Deutschprofessorin: „Wie sind Sie bloß auf die irrige Idee gekommen, Armin in den neusprachlichen Zweig zu geben? Er ist von einer Sprachbegabung weit entfernt!“

Anfangs bemühte ich mich, „nett“ zu reagieren. So versuchte ich diplomatisch, der Lehrerin meines Sohnes meine Meinung zu vermitteln. Aber sie beharrte auf ihrem Urteil: „Armin gehört woanders hin. Auf keinen Fall in den neusprachlichen Zweig. Wir haben andere Schüler, die wirklich begabt sind. Armin nimmt diesen den Platz weg!“

Diese Worte fand ich ungeheuerlich! Vor allem empfand ich es als „ungerecht“! Was heißt, die ANDEREN sind besser?! Armin erzählte seine Aufsätze nach meinem Ermessen sehr gut. Er schrieb sehr viel, hatte eine große Fantasie und machte nur wenige Rechtschreibfehler. Trotzdem war es so, dass beinahe jeder Aufsatz bei der erwähnten Professorin an der Grenze zu einem ‚Nicht Genügend‘ stand. Jetzt war ich mir endlich sicher: Diese Lehrerin behandelte meinen Sohn „ungerecht“! Vor allem litt Armin darunter und täglich erzählte er mir seinen Frust: „Jetzt bemühe ich mich schon so sehr und bekomme trotzdem so schlechte Noten!“ Mein Sohn war davon überzeugt, dass „andere“ viel schlechtere Aufsätze schrieben, die besser benotet wurden.

Diese Professorin hatte einen ziemlich schlechten Ruf in der Schule. Kaum jemand mochte sie. Eltern zitterten schon, wenn ihre Kinder dieser Frau zugeteilt wurden! Auch mir war sie mittlerweile wirklich unsympathisch geworden, da sie scheinbar nur die Leistung sah und beurteilte – und nicht den Menschen dahinter. Sie wurde allgemein und auch von mir als „typische frustrierte“ Lehrerin beschrieben, die alleine lebte und ihre Mankos an den Schülern ausließ.

**AHA … es war an der Zeit für mich,
in den Spiegel zu schauen.**

Schritt 1: Beschreiben

Was sagte mir die „Ungerechtigkeit“ der Professorin?
Was störte mich daran?
Was war so schlimm daran, „ungerecht“ zu sein?
Wie *lautete mein* Urteil über „ungerechte“ Menschen?

Ich war sehr verärgert und empfand es als richtig gemein von ihr, ein solches Urteil zu fällen und Armin keine Chance zu geben, sein Können unter Beweis zu stellen. Es ging so weit, dass sie alles bemängelte, was Armin tat, und die Noten wurden immer schlechter. Sie war für keine Gespräche mehr bereit und nahm die anderen immer als Vorbild. Es war offensichtlich, dass sie Armin nicht mochte, und dies zeigte sie sehr deutlich. Für mich war es eindeutig, diese Lehrerin gehörte weg, denn sie benotete nach Sympathie und nicht nach Können.

Schritt 2: Akzeptieren und entschlüsseln

Es fiel mir ein, dass mich diese Ungerechtigkeit an meine Kindheit erinnerte, wo ich der Meinung war, dass mein Bruder von meinen Eltern bevorzugt wurde.

Etliche Situationen sind noch präsent. Ich, als ältere Schwester, wurde benachteiligt und somit ungerecht behandelt. Oft musste ich auf meinen Bruder aufpassen und wenn er Unfug getrieben hatte, wurde ich dafür verantwortlich gemacht. Unsere Eltern entschuldigten seinen Ungehorsam immer mit den Worten: „Er ist schließlich der Jüngere.“ Und genau das hielt ich für ungerecht! Weil ich dachte, dass mein Bruder mehr geliebt wurde als ich.

Dies wollte ich bei meinen Kindern auf jeden Fall verhindern.

Damals hatte ich mir geschworen, bei meinen Kindern mit solchen Aussagen vorsichtig zu sein. „Alle drei werden gleich behandelt" war mein Leitspruch. Lange Zeit war ich auch der Meinung, dass ich wirklich gerecht war … bis ich eines Tages von Daniela den Vorwurf bekam: „Die Buben dürfen viel mehr als ich!" Meine Tochter war also der Meinung, dass ich sie ungerecht behandle! Bei ihren Brüdern und aus meiner Sicht hatte das einen ganz anderen Anschein, denn wir waren wirklich davon überzeugt, dass Daniela diejenige war, die immer auf einem Podest stand!

Ich habe über den Vorwurf von Daniela nachgedacht und es ist mir doch einiges dazu eingefallen. Z.B. was die Hilfe im Haushalt betraf. Ich habe von Daniela viel mehr eingefordert als von den Buben. Es war für mich selbstverständlich, dass Daniela mithelfen musste. Bei den Buben war ich da viel großzügiger. Betten überziehen war für mich automatisch Frauensache, für die Buben tat ich es und von Daniela verlangte ich, dass sie es selber tat. Genauso war es beim Geschirrwegräumen oder im Badezimmer. Ich kam gar nicht auf den Gedanken, die Buben einzuteilen. Die andere Seite war, dass die Buben nachgeben mussten, sobald Daniela zu raunzen begann, mit meiner Erklärung: „Sie ist ja ein Mädchen."

Ich ersetzte die Professorin durch ICH.
Bin ich ungerecht oder erlaube ich mir nicht, „ungerecht" zu sein?
Daraus resultierte dann auch **mein Urteil**:

„Ungerechte Menschen gehören weg."

Laut Spiegelgesetz-Methode® nach Christa Kössner finden wir jedoch in jeder scheinbar negativen Eigenschaft ein Geschenk, eine Fähigkeit, eine Stärke, eine Begabung!

Ich akzeptierte mein Verbot, das ich mir selber gab: *„Ich darf auf keinen Fall ungerecht sein!“*

Und fragte mich: *„Was kann jemand besonders gut, der ungerecht ist?“*

Ungerecht – (positiv umgewandelt) eigenständig, eine eigene Meinung haben

Er/Sie steht zur EIGENEN Meinung und vertritt sie auch!

Schritt 3: Danken und aufgeben:

Ich schrieb mein Urteil über ungerechte Menschen auf ein Kärtchen, sah es mir nochmals gut an und ließ es auf mich wirken. Ich bedankte mich beim lieben Gott und beim Universum dafür, dass sich Armins Lehrerin zur Verfügung gestellt hatte, mir meinen eigenen lieblosen Umgang mir mir selbst vor Augen zu führen. Dann verbrannte ich das Kärtchen (du kannst auch eine andere Form wählen, z. B. in einen Fluss oder See werfen, vergraben, …).

Schritt 4: Neue Idee

Ich ersetzte meinen „negativen“ Glaubenssatz durch einen anderen Gedanken, der mir ein Wohlgefühl bescherte:

„Meine Meinung zählt."

Ich habe meinen Eltern auch Ungerechtigkeit vorgeworfen und meinen Kindern gegenüber war ich ungerecht, obwohl ich es vermeiden wollte.

Die Quintessenz aus dieser Erfahrung war für mich, dass es unmöglich ist, drei Kinder ganz „gleich" zu behandeln! Jeder hat seine eigene Persönlichkeit, jeder hat seine Fähigkeiten und jeder hat seine ureigenste Sichtweise. Jedem gerecht zu werden ist daher nicht möglich, auch für die Mutter nicht! Außerdem kommt es immer auf die jeweilige Situation an und wie ich als Elternteil darauf reagiere oder agiere. Wenn ich jetzt zurückdenke an meine Situation von damals, so war ich selber „ungerecht" gewesen, indem ich meinen Eltern vorhielt, dass sie meinen Bruder bevorzugen würden.

Fällt dir auf, dass Vorwürfe anderen gegenüber immer auch „Taten" sind, die man selbst begeht?

Ich tat mir schon bei drei Kindern schwer, „gerecht" zu bleiben. Wie mag es dann erst einem Lehrer gehen, der über 30 Schüler in der Klasse hat?

Die Quintessenz, die ich daraus gewann, war: **JEDER DARF SEINE EIGENE MEINUNG HABEN, AUCH ICH!**

Mit der Zeit ergab es sich, dass auch Lehrer zu meinem Freundeskreis zählten. Da Lehrer auch Kinder haben, kennen sie natürlich auch deren Probleme aus Elternsicht. Dazu zählen zum Beispiel Lernschwierigkeiten, aber auch disziplinäre Probleme und Missverständnisse im Lehrer-Schüler-Elternverhältnis. Damit schließt sich dann der Kreis. Denn die Frage: „Auf welcher Seite stehe ich gerade?" bestimmt die Sichtweise der einzelnen Personen.

Ich bin heute der Ansicht, dass es fast unmöglich ist, Sympathien gerecht zu verteilen. Wenn ich früher bemerkte, dass eines meiner Kinder mit einem Lehrer absolut nicht harmonieren konnte – trotz diplomatischen Eingreifens meinerseits – suchte ich eine neue Schule. Das heißt aber nicht, dass ich bei anfänglichen Schwierigkeiten mein Kind sofort herausgenommen hätte, sondern es ist so zu verstehen, dass ich mehr Wert auf das **Wohlgefühl** meiner Kinder legte. Besonders, wenn es kontinuierlich schlechte Noten hagelte, wusste ich, jetzt ist ein Schulwechsel angebracht.

Aus vielen Gesprächen mit Eltern weiß ich, dass manche einen Schulwechsel strikt ablehnen: „Er/sie wird sich schon eingewöhnen", hieß es oder „Er/sie würde dann ja all seine Freunde verlieren!" Manche Mütter oder Väter beharrten darauf, dass sich der Lehrer zu ändern habe oder ausgetauscht werden müsse. Diese Beharrlichkeit führte oft zu einer kritischen Familiensituation, weil nicht die Zusammengehörigkeit an erster Stelle stand, sondern das Thema „Schule"! Sämtliche Schulwechsel meiner Kinder haben sich rückblickend gesehen positiv ausgewirkt.

Faulheit als Belastung

Die Volksschule ging sehr locker dahin und auch die erste Klasse in der AHS war einfach. In der zweiten Klasse aber kamen die ersten Love-Storys, auch das Thema „Ausgehen" und die ersten Partys, bei denen Eltern selbstverständlich nicht erwünscht waren, gewannen an Bedeutung. Die Kommunikation mit meinen Kindern war gepflastert mit „Ich will aber!" oder „Die und der dürfen dies und das und ich will das auch!" oder „Du bist ja urgemein!"

Die „Kinderzimmer" veränderten sich. Von einer bestimmten Ordnung oder von einem aufgeräumten Zustand keine Spur mehr. Bei den Kästen war ich schon glücklich, sie überhaupt zumachen zu können.

Mir fiel so manches ein … zum Beispiel die guten Ratschläge in früheren Jahren, die ich für andere gehabt hatte, und natürlich erinnerte ich mich auch an meine *eigenen* Strategien, wie **ich** das verhindern würde, *wenn die Zeit da ist.* Wäre doch gelacht, wenn ich mich da nicht durchsetzen könnte! *Aber* … ich konnte es nicht!

In der zweiten Klasse AHS wurde Daniela „faul", sie tat absolut nichts mehr. Gut gemeintes Zureden, Drohen oder Verbote meinerseits bewirkten nichts. Daniela war mit Schminken, „Bubenschauen" und Freundinnentratsch so beschäftigt, dass sie offenbar keine Zeit mehr fand, sich wenigstens irgendwie mit der Schule und ihrem Lernstoff zu befassen. Sie hatte auch aufgehört, sich sportlich zu betätigen, und ihr Gesicht drückte Griesgrämigkeit aus. Ich selbst war ja noch auf dem „lockeren Trip" und nahm diese Veränderungen gelassen hin. Später wurde dann auch ein Schulwechsel notwendig und dadurch ergab es sich, dass Daniela zu ihrem Vater zog. Ich war zuerst ein bisschen traurig darüber und aus der Bahn geworfen, aber im Endeffekt war es ganz angenehm. Viele Elternpflichten übernahm von nun an ja ihr Vater und so war ich etwas entlastet. Außerdem wollte ich mich ehrlich gesagt nicht wirklich um die schulischen Schwierigkeiten von Daniela kümmern. Mit ihrem Vater kam sie ganz gut zurecht und auch er hatte jetzt aufgrund unserer Trennung die Möglichkeit, eines seiner Kinder unmittelbar um sich zu haben.

Für die Außenwelt – die Gesellschaft – war die Situation anscheinend schwerer zu verkraften, denn oft hörte ich Aussagen wie: „Du hast wirklich dein Kind abgeschoben?" oder „Kommt die Daniela jetzt gar nicht mehr zu dir?" Darüber konnte ich zu dem Zeitpunkt Gott sei Dank nur ehrlich lachen. Die Situation klappte also anfangs recht gut, doch in weiterer Folge lebte Daniela auch bei ihrem Vater ihre „Faulheit" so richtig aus. Die Schulsituation verbesserte sich zwar, aber das Zimmer und ihre Umgangsformen ließen zu wünschen übrig. Ihr Vater bemühte sich anfangs sehr geduldig, aber dann doch eher spannungsgeladen, Daniela die Faulheit auszutreiben, denn es ist in unseren beiden Familien schließlich nicht üblich, „faul" zu sein. Jeder hat seine Arbeit und es wird besonders darauf geachtet, dass alles seine Ordnung hat und auch so bleibt.

Es war für uns nicht sehr lustig, dass Danielas **Faulheit** immer extremer wurde.

**AHA … es war an der Zeit für mich,
in den Spiegel zu schauen.**

Schritt 1: Beschreiben

Was sagte mir die „Faulheit" meiner Daniela?
Was störte mich daran?

Ich war ziemlich verärgert über meine faule Tochter und konnte nicht verstehen, dass man in einer solchen Unordnung leben konnte und den Tag sinnlos vertrödelte. Daniela tat nichts mehr. Für nichts hatte sie mehr Interesse, sie verdunkelte ihr Zimmer und der Fernseher war rund um die Uhr aufgedreht.

Lernen war ein Fremdwort für sie geworden, daraus resultierten ihre extrem schlechten Noten. Sie tat nur mehr das, was ihr Spaß machte. Ihre Laune war dementsprechend mies und wir stritten uns permanent. Ich war im Stress, weil ich sie dauernd zu belehren versuchte, und es wurde immer schlimmer, sodass ich „ausrastete".

Schritt 2: Akzeptieren und entschlüsseln

Was war so schlimm daran, „faul" zu sein?
Wie *lautete mein* Urteil über „faule" Menschen?

Ich ersetzte Daniela durch ICH.
„Bin ich faul oder warum erlaube ich mir nicht „faul" zu sein?"

Ich forschte nach **meinem Urteil** über Faulheit:
„Faule Menschen kommen zu nichts und werden auch NICHTS."

Meine Eltern waren sehr „fleißige" Menschen. Meine Mutter hatte alles sehr gut im Griff, der Haushalt war „top", sie war auch immer berufstätig und dies bis ins Alter von fast 69 Jahren. Mein Vater war sehr stressgeplagt und hetzte von Termin zu Termin. Er hatte eine sehr strenge Ansicht über „faule“ Menschen, das waren die typischen Versager. Dieses Urteil hatte er sogar über kranke Menschen. In seinen Augen waren das Simulanten, die nicht arbeiten wollten. Lange Jahre hatte ich nie erlebt, dass er einmal wegen „Krankheit“ zu Hause geblieben wäre. Ich habe meine Eltern, vor allem meinen Vater, immer tätig gesehen.

Ich lebte genauso. Mir wurde klar, dass ich total vergessen hatte, stresslos, ruhig oder gelassen irgendetwas zu genießen. Alles stand immer unter dem Zeichen „Zeitdruck“ oder „Ordentlichkeit“, sogar im Urlaub war ich immer tätig. Ich konnte nicht einmal an einem verregneten Sonntag, auch wenn ich alleine zu Hause war, mich ganz einfach relaxen, ich „musste“ zumindest eine Schublade aufräumen oder das Schuhkästchen schlichten. Sogar im Krankenstand mit Fieber wurde die Wohnung auf Hochglanz gebracht und geschlichtet und geschlichtet.

Laut Spiegelgesetz-Methode® nach Christa Kössner finden wir jedoch in jeder scheinbar negativen Eigenschaft ein ***Geschenk****, eine Fähigkeit, eine Stärke, eine Begabung!*

Ich akzeptierte mein Verbot: *Ich darf nicht faul sein!*

So fragte ich mich: „Was kann jemand besonders gut, der FAUL ist?“

Faul – (positiv umgewandelt) gelassen, stresslos, gemütlich, sich ausrasten

Er/Sie erledigt seine/ihre Aufgaben stresslos und gelassen und erkennt, wenn er/sie rasten soll, und macht es sich dabei gemütlich.

Schritt 3: Danken und aufgeben

Ich schrieb mein Urteil über faule Menschen auf ein Kärtchen, sah es mir nochmals gut an und ließ es auf mich wirken. Ich bedankte mich beim lieben Gott und beim Universum dafür, dass sich Daniela zur Verfügung gestellt hatte, mir meinen eigenen lieblosen Umgang mit mir selbst vor Augen zu führen. Dann verbrannte ich das Kärtchen, aber du kannst auch eine andere Form des Loslassens wählen, zum Beispiel es vergraben oder in einen Fluss oder See werfen.

Schritt 4: Neue Idee

Ich ersetzte meinen „negativen" Glaubenssatz durch einen anderen Gedanken, der mir ein Wohlgefühl bescherte:

„Ich darf mich ausrasten, wenn mir danach ist."

Durch diese neue Überzeugung hat sich mein Alltag sehr verändert. Ich konnte plötzlich einen verregneten Sonntag lesend im Bett genießen. Die Arbeiten in meinem Haushalt wurden nur noch erledigt, wenn ich wirklich *„Lust"* dazu hatte.

Ich war auch nun in der Lage, mir einen freien Nachmittag zu gönnen für einen Besuch in einem Kosmetiksalon oder „alleine" Essen zu gehen. Ich habe es auch geschafft, mit Freundinnen ein paar Urlaubstage zu verbringen. Meine Kinder waren bei ihren Vätern oder Großeltern sehr gut aufgehoben und versorgt. Ich hatte dies früher schon probiert, aber es kam immer ein innerlicher Stress auf und die Gedanken kreisten um die Kinder und ob alles gut geht. Am liebsten hätte ich stündlich angerufen, ob alles in Ordnung ist. So habe ich nicht nur mich nervös gemacht, sondern auch alle Beteiligten.

Doch das Wort „ausrasten" klickte bei mir auch noch anders an:

Worte haben für uns manchmal eine Doppelbedeutung, für mich hieß *„ausrasten"* unter anderem auch *zornig werden.* Das war das *„andere"* Ausrasten, das bei mir die Faulheit meiner Daniela ausgelöst hatte. Diese Doppelbedeutung, die ich „unbewusst" verinnerlich hatte, hatte zur Folge, dass mir auch dieses „Ausrasten" verboten war. Denn zornig werden ist schlecht, vor allem in der Kindererziehung.

Dieser Hinweis ist für mich sehr wichtig, da wir aus Gewohnheit Worte verwenden, die wir ausleben, ohne dass uns dies richtig bewusst ist.

Mit diesem „Ausrasten" hatte ich sehr große Probleme, da ich es nicht verhindern konnte. Es gab von Zeit zu Zeit Situationen, in denen ich zu Zornausbrüchen neigte. Ich glaube, solche Situationen kennt jeder, wenn Kinder etwas anstellen oder nervig sind. Ich versuchte mich zu beherrschen, aber irgendwann platzte ich vor Wut. Im Nachhinein überkam mich immer ein schlechtes Gewissen. Ich beobachtete mich dabei, dass das Bemühen, mich zu beherrschen, eher das Gegenteil bewirkte, denn je mehr ich es versuchte, umso ärger wurden meine Zornausbrüche. Es waren dann schon Kleinigkeiten, bei denen Ärger in mir aufstieg. Ich hatte über Eltern, die ihre Kinder anschreien, eine sehr schlechte Meinung. Es erinnerte mich an meine Kindheit, als das Anschreien mich sehr gekränkt und ich mich vor schreienden Menschen sehr gefürchtet habe. Ich wollte auf keinen Fall so sein. Nur war mir unklar, wie man es schafft, mit Kindern zu leben, ohne jemals wütend zu werden. Zu dieser Zeit litt ich unter einem Magengeschwür, weil ich meinen Zorn vehement zu unterdrücken versuchte (Buch zu diesem Thema „Meine Krankheit spiegelt mich" von Christa

Kössner / Dr. Leopold Leeb / Alois Senger, erschienen im Ennsthaler Verlag).

Meine Überlegung war: Verhindern kann ich es nicht, aber WIE kann ich damit umgehen? Die rettende Idee war: Ich kündige es an.

Ein Beispiel dazu:
Ich hatte das Vorzimmer gerade neu ausgemalt, Daniela und ihre Freundin probierten meine Lippenstifte aus. In weiterer Folge waren die Lippenstifte abgebrochen und um den Vorzimmerlichtschalter war alles vom Lippenstift beschmiert. Ich traute meinen Augen nicht und spürte, wie es in mir zu brodeln begann. Früher wäre ich ins Zimmer gestürmt und hätte lauthals meinen Unmut kundgetan.
Nun ging ich in das Zimmer zu den beiden und kündigte an, dass ich jetzt „ausrasten" möchte und das sehr laut. Eigenartigerweise genügte das alleine, dass ich ruhiger wurde, und ich konnte in einer sanfteren Art mit den Kindern schimpfen.
Ich habe damit vermieden, die Kinder zu erschrecken. Die Mädchen waren ja mittlerweile mit etwas anderem beschäftigt und hätten momentan gar nicht gewusst, was ich überhaupt meinte. Ich weiß, dass Kinder, die viel angeschrien werden, zu großer „Nervosität" neigen.
Mir ging es viel besser mit dieser Methode. Wenn ich mein „Ausrasten" ankündigte, hatte sich das so eingespielt, dass die Kinder ihr „OK" dazu gaben und wir in einer humorvollen Art die Situation klären konnten.

Das überhebliche und lästige Kind

Mein Sohn war ein Kind, das alles Mögliche überaus interessant fand. Durch dieses übergroße Interesse an allem war er überall dabei. Das fing schon im Kindergarten an. Eines war ihm sehr wichtig: Er wollte zu den Besten zählen und ehrgeizig, wie er war, gelang ihm das meistens auch. Er drängelte sich immer vor und behauptete von Anfang an: „Ich kann das." Wenn er dann zu den Gewinnern zählte, war sein Lieblingsausspruch: „Das hab ich sowieso gewusst." Mir war das meistens, muss ich ehrlich gestehen, peinlich. Er galt in unserem Bekanntenkreis als lästig und überheblich. Ich war ständig bestrebt, mein Kind vom hohen Ross herunterzuholen, denn irgendwann fällt man auf die Nase und in der Gesellschaft kommt das auch nicht gut an. Mein Ziel war es ja, dass meine Kinder für alle anderen sympathisch sind und alle sollten meine Kinder mögen. **Daher darf er weder überheblich noch lästig sein!** Prompt kam eine Aussage von meinem Sohn:

„Du bist ja nur neidisch, weil du nicht zu dem stehst, was du bist und was du kannst. Mir ist es egal, was die anderen von mir denken." Diese Aussage löste Ärger in mir aus, es begann ein Gedankenmuster in mir abzulaufen, das ich in meiner Kindheit ja immer wieder gehört hatte: „Sei nicht so lästig. Jetzt nicht. Das kannst du nicht. Sei nicht so eingebildet. Lern einmal den Ernst des Lebens kennen. Du wirst es noch billiger hergeben. Wenn du dich weiterhin so benimmst, wird dich keiner mögen!"

Dies war es … was ich meinem Sohn ersparen wollte! Meine Angst wurde noch verstärkt, weil ich dauernd in die Schule musste und mir anhören konnte, was ich für ein unmögliches, anstrengendes Kind hätte. Ich fürchtete mich schon vor Elternabenden oder Elternsprechtagen.

AHA … es war an der Zeit für mich, in den Spiegel zu schauen.

Schritt 1: Beschreiben

Was sagte mir das „Überhebliche und Lästige" meines Sohnes Armin?
Was störte mich daran?

Ich lehnte solche Menschen ab und wollte mit ihnen nichts zu tun haben. Sie gingen mir auf die Nerven und ich habe mich sehr abfällig über sie lustig gemacht. Vor allem war ich der Meinung, dass diese Menschen noch dazu sehr lästig sind, weil sie ununterbrochen die Aufmerksamkeit auf sich ziehen. Nun hatte ich einen Sohn, der als überheblich und lästig galt.

Schritt 2: Akzeptieren und entschlüsseln

Was war so schlimm daran, überheblich und lästig zu sein?
Wie *lautete mein* Urteil über „überhebliche und lästige" Menschen?

Ich ersetzte Armin durch „Ich".
„Bin ich überheblich oder lästig oder warum erlaube ich mir nicht, überheblich oder lästig zu sein?"

Mein Urteil tauchte sofort auf:
„Überhebliche und lästige Menschen sind unsympathisch und KEINER will sie."

Dieses *„Überhebliche"* erinnerte mich an den Religionsunterricht in der Volksschule. Der damalige Religionslehrer hat uns Kindern sehr deutlich zu verstehen gegeben, ja nur nie zu glauben, etwas *„Besseres"* zu sein. Denn wenn jemand glaubt, etwas Besseres zu sein, dann ist das *„überheblich"*. Das hat der *„liebe"* Gott gar nicht gern (!). Das wird bestraft!! ☺

Es wurde mir bewusst, dass ich mich immer klein und unscheinbar gemacht hatte und es als gute Erziehung ansah, nachzugeben und andere vorzulassen. Das galt jetzt auch in meiner Erziehung: „Der Gescheitere gibt nach!" Massiv zeigte sich diese Überzeugung bei mir in den Partnerschaften, aber auch beruflich. Ich war nämlich stets bestrebt, immer klein beizugeben und meine Bedürfnisse oder Wünsche hinten anzureihen. Vor allem, weil ich glaubte, dann würden mich alle mögen.

Laut Spiegelgesetz-Methode® nach Christa Kössner finden wir jedoch in jeder scheinbar negativen Eigenschaft ein Geschenk, eine Fähigkeit, eine Stärke, eine Begabung!

Ich akzeptierte: *Ich will, dass mich ALLE unsympathisch finden, wenn ich lästig oder überheblich bin!* ☺

So fragte ich mich: *„Was kann jemand besonders gut, der überheblich und lästig ist."*

Überheblich – (positiv umgewandelt) selbstbewusst; jemand weiß, was er kann
lästig – (positiv umgewandelt) zielorientiert, kann sich durchsetzen

Selbstbewusst steht er/sie zu dem, was er kann, ist zielorientiert und hat ein großes Durchsetzungsvermögen.

Schritt 3: Danken und aufgeben

Armin hatte mich durch sein Verhalten auf meine Überzeugung in Bezug auf überhebliche und lästige Menschen aufmerksam gemacht. Ich schrieb mein Urteil über Menschen mit diesem Verhalten auf ein Kärtchen, sah es mir nochmals gut an und ließ es auf mich wirken. Ich bedankte mich beim lieben Gott und beim Universum dafür, dass sich Armin zur Verfügung gestellt hatte, mir dieses Urteil und meinen eigenen lieblosen Umgang mit mir selbst vor Augen zu führen. Dann verbrannte ich das Kärtchen.

Schritt 4: Neue Idee

Nach meinem kleinen Ritual ersetzte ich meine „negative“ Meinung durch:

„Ich weiß, was ich kann, und erreiche meine Ziele!“

Diese neue Überzeugung hat sich sehr schnell in meinem Leben gespiegelt. Ich bekam einen neuen, sehr guten Dienstposten und eine viel größere Anerkennung, die natürlich auch in Form einer Lohnerhöhung zum Ausdruck kam. Rückblickend fällt mir auf, dass sich damals eine Situation ergab, die mir leicht ermöglichte, meinem Vorgesetzten meinen beruflichen Wunsch mitzuteilen.

Ich war immer berufstätig und meine Arbeit macht mir sehr viel Spaß. Eines hatte mich aber immer gestört, dass mein Dienstposten nie höher bewertet wurde. Ich gab dem System (ich arbeite im Bundesdienst) die Schuld. Meine Meinung war: „So ist das halt!“

Durch meine neue Idee wurde mir bewusst, wenn ich es so hinnehme, dann ist das klarerweise auch so! Also machte ich mich bemerkbar, indem ich mich getraute, meine Wünsche meinem Vorgesetzten mitzuteilen. Der hatte bis dahin keine Ahnung gehabt, dass ich mich verbessern wollte, da ich nie mit ihm darüber gesprochen hatte. In kürzester Zeit erfüllte sich mein Wunsch. Mein Chef meinte: „Warum hast du mir das nicht schon früher gesagt?“

Ein frecher und kecker Teenager

Zu meinen Erziehungszielen gehörte es auch, dass meine Kinder selbstbewusst sind und sich trauen, ihre eigenen Meinungen zu haben und diese auch auszusprechen. Ich meine damit, dass sie ihre Ansichten vertreten und sich nichts gefallen lassen sollten. Egal, ob im Beisein von Erwachsenen oder von Kindern. Ich gewährte ihnen in jeder Hinsicht ein Mitspracherecht. Kinder sind ja sehr ehrlich und ich unterstützte sie darin. So nach dem Motto: „Man darf alles sagen." Als sie noch Kleinkinder waren, war das ganz niedlich und herzig.

Mit zunehmendem Alter der Kinder wurde das aber für mich immer anstrengender, denn sie wurden wirklich sehr ehrlich und verkündeten ihre Meinung gleich lautstark. Manchmal waren sie gar nicht zu bremsen, mischten sich in Gespräche von Erwachsenen ein und gaben „Analysen" ab.

Armin mochte es zum Beispiel, seinem Lehrer vorzuschlagen, wie er seine Unterrichtsstunde abhalten sollte. Er hielt auch viel davon, ihn auf seine „Schwächen" aufmerksam zu machen. Mein Sohn war sehr sprachgewandt und konnte dies auch auf eine sehr direkte Art, hinzu kam, dass er eine gute Beobachtungsgabe besaß und dadurch meistens ins „Schwarze" traf. Das können Kinder ja sehr gut.

Was am Anfang noch witzig für mich war, wurde mit der Zeit immer unangenehmer. Armin brachte mich in sehr heikle Situationen und es wurde für mich immer schwieriger, ihn zu stoppen. Der Versuch, ihn zurückzuhalten, endete damit, dass er mit einem Lausbubenlächeln nur auf eine Gelegenheit lauerte und es dann doch herausplatzen ließ. Manchmal gelang es mir, seinen Mund zuzuhalten ☺, und ich „erlaubte" ihm, mir seine Gedanken leise ins Ohr zu flüstern. Z.B. „Deine Frisur gefällt mir nicht“ oder „Du bist wirklich sehr dick“. Es gab natürlich auch Komplimente (die kamen klarerweise sehr gut an), aber wer will schon gerne von einem Kind darauf aufmerksam gemacht werden, dass an ihm etwas nicht stimmt? Und vor allem ungefragt!

Ich wurde verstärkt damit konfrontiert, dass Armin ein sehr „freches“ Kind war. Die Lehrer und Lehrerinnen waren nicht mehr sehr gut auf ihn zu sprechen.

Auf meine Vorwürfe „Überlege dir, was du sagst, und sei nicht so frech!“, antwortete er immer wieder: „Du hast ja gesagt, ich muss ehrlich sein und darf alles sagen.“ Damit hatte er ja recht, das hatte ich ja wirklich gesagt! ☺

Es ging so weit, dass Armin über einen Religionslehrer eine „Psychoanalyse“ erstellte und sie ihm auch mitteilte. Daraufhin erhielt ich eine Vorladung und musste in die Schule. Es war mir wirklich äußerst unangenehm, mich dem zu stellen, was mein Sohn diesem Lehrer alles vorgeworfen hatte. Ich war verzweifelt und auch gleichzeitig wütend, da ich ja merkte, wie Armin immer mehr aneckte. Die Situation spitzte sich so weit zu, dass Armin die Schule wechseln musste! In der neuen Schule war er schon als „frecher und unangenehmer“ Schüler angekündigt worden …

Manchmal bekam ich zu hören: „Dem würde einmal eine gehörige Tracht Prügel gebühren“ oder „Eine Ohrfeige würde „dem da“ guttun“.

**AHA … es war an der Zeit für mich,
in den Spiegel zu schauen.**

Schritt 1: Beschreiben

Was sagte mir die *„freche Art"* meines Sohnes?
Was störte mich daran?

Am meisten störte es mich, wenn Armin freche Antworten im Beisein von anderen Leuten gab. Er war nicht zu stoppen und ich wurde innerlich wütend, weil ich mich vor den anderen genierte. Je mehr ich ihn zurückhalten wollte, umso gezielter wartete er auf Gelegenheit, um seine „Frechheiten" loszuwerden.

Schritt 2: Akzeptieren und entschlüsseln

Was war so schlimm daran, *„frech"* zu sein?
Wie lautete mein Urteil über *„freche"* Menschen, (in diesem Fall waren es) Kinder?

Ich ersetzte Armin mit Ich.
War ich „frech" oder warum erlaube ich mir nicht, „frech" zu sein?

Mein Urteil (tauchte sofort auf):
„Freche Kinder werden geschlagen und eingesperrt!"

Das wusste ich noch allzu gut aus meiner Kindheit. Frech sein bedeutete, mit Ohrfeigen bestraft zu werden. Ich habe einmal miterlebt, wie eine Mitschülerin von mir von ihrem Vater vor der ganzen Klasse geschlagen wurde, weil sie „frech" war.

Mir kam meine eigene Kindheit in den Sinn, ich durfte das auch nicht sein. Ich musste immer folgsam sein und wenn wir auf Besuch waren, hatte ich mich ruhig zu verhalten. Im

Gegensatz zu meinem Bruder, der um zwei Jahre jünger war. Er benahm sich genauso wie Armin. Ihm wurde das erlaubt, weil er ein Bub war. Ich musste immer die Ältere und die Vernünftigere sein. Auch damals verspürte ich *„Eifersucht"* und ich glaubte, dass mit mir etwas nicht stimmte und mein Bruder mehr geliebt wurde als ich.

Vor allem habe ich *„gelernt"*: Buben dürfen das, aber Mädchen NICHT.

Laut Spiegelgesetz-Methode® nach Christa Kössner finden wir jedoch in jeder scheinbar negativen Eigenschaft ein Geschenk, eine Fähigkeit, eine Stärke, eine Begabung!

Ich akzeptierte meine Überzeugung: *Wenn ich frech und keck bin, dann will ich geschlagen werden!* ☺

So fragte ich mich: *„Was kann ein „freches" Kind sehr gut?"*

frech – (positiv umgewandelt) authentisch, spontan, ehrlich
keck – (positiv umgewandelt) temperamentvoll, lebendig

„Es sind lebendige Kinder, die authentisch, spontan sind und ehrlich heraussagen, was sie gerade denken."

Ich hatte genau das Kind, das ich mir gewünscht hatte. Ein lebendiges und quirliges Kind! So einen **„Lausbuben"** wollte ich immer haben!

Ich hatte aber das Gefühl, dass sei noch nicht alles. Irgendetwas war da noch, das mich innerlich belastete. Ich fragte mich, sind nur die Kinder gemeint oder alle Menschen oder aber Frauen?

Da kam ich auf meinen *„stiftenden"* Glaubenssatz:

„Frauen, die sich frech und keck zeigen, werden niedergeschlagen."

Mir fiel eine Situation aus meiner Kindheit ein, in der ich miterlebt hatte, dass eine Frau von ihrem Mann geschlagen wurde, weil sie auf dem Tisch tanzte. Ein Satz, den ich damals hörte, ist bei mir hängen geblieben: *„Selber schuld, wenn sie sich so keck zeigt und sich frech aufführt!"* Es waren also oft Frauen, denen ihre „Frechheit" zum Vorwurf gemacht wurde. Auch meine Mitschülerin, die von ihrem Vater geschlagen wurde, war „weiblich"!

Konkret wieder erlebt habe ich meinen negativen Glaubenssatz in meiner Partnerschaft, als mir mein Ex-Mann auch immer vorhielt: „Wie du dich wieder *„aufgeführt"* hast!" (weil ich gerne tanze). Geschlagen wurde ich Gott sei Dank nicht, da ich mich immer mehr zurücknahm und größtenteils aufs Tanzen verzichtete.

Manchmal ist ein negativer Glaubenssatz hinter einem sogenannten „stiftenden Glaubenssatz" versteckt. So wie in diesem Fall.

Ein „stiftender Glaubenssatz" ist eine Überzeugung, die tief im Unterbewusstsein verborgen ist. Er verstärkt sich mit einer erlebten Situation in der Kindheit. Mit diesem Erlebnis eignet man sich auch ein Gefühl an (z. B. Angst). Bei ähnlichen Erlebnissen meldet sich dieses Gefühl zu Wort, man weiß aber nicht mehr „warum". Nun setzt der Verstand ein und sucht eine Erklärung. Meinungen anderer werden angenommen oder man kreiert sich selber eine darüber. In diesem Fall wie bei mir: „… wenn man sich zu keck aufführt, wird man geschlagen." Das

Wort „aufführen" habe ich unbewusst mit schlagen verbunden. So wirken stiftende Gedanken unterschwellig und verführen uns zu Aktionen, die wir eigentlich nicht wollen, aber trotzdem nicht vermeiden können.

Exkurs zu: „stiftender Gedanke":

Wir tragen Glaubenssätze oder Glaubensmuster in uns, die sich wie ein Netz durch unsere verschiedenen Lebenssituationen ziehen. So entsteht ein Verhaltensmuster, das sich stets wiederholt. Man könnte es auch mit einem Hamsterrad vergleichen, man bewegt sich immer im Kreis. Diese Überzeugungen oder Glaubenssätze resultieren aus einem ganz bestimmten Grundglaubenssatz, den wir „stiftenden Gedanken" nennen. Diese „stiftende Überzeugung" ist oft sehr versteckt, man kann sie auch als blinden Fleck (weil man sie selbst nicht erkennt) bezeichnen. Wie man zu solch „stiftenden Ideen" kommt, ist nicht immer nachvollziehbar. Ich glaube auch, dass das nicht so wichtig ist. Hauptsache man erkennt sie. Meistens fällt einem ein: „AHA, das habe ich von dem oder dem übernommen."

Durch die Anwendung der Spiegelgesetz-Methode® ist es möglich, Glaubenssatz für Glaubenssatz hervorzuholen und aufzulösen. Durch die schichtweise Auflösung gelangt man zum eigentlichen „stiftenden Gedanken". Das Spiegelgesetz kannst du dir auch wie eine Zwiebel vorstellen, die Schicht für Schicht geschält werden muss.

Dazu dienen uns unsere „Spiegelbilder" und es klingt skurril, dass man für jeden Vorwurf oder Angriff dankbar sein sollte. Doch genau das ist die Chance, „negative" Muster aufzulösen.

Viele Situationen fielen mir später ein, in denen ich meine „Lebendigkeit“ nicht gelebt hatte … aus Angst vor Prügel!

Schritt 3: Danken und aufgeben

Mit einem Ritual schrieb ich meine Glaubenssätze zum Themenkreis „frech und keck“ auf meine Kärtchen und ließ sie nochmals auf mich wirken. Ich bedankte mich beim lieben Gott, dass er mir geholfen hat, Licht auf diesen blinden Fleck zu bringen, und bei Armin, der sich als Spiegelbild zur Verfügung gestellt hatte. Dann verbrannte ich meine Kärtchen.

Schritt 4: Neue Idee

Nach meinem kleinen Ritual ersetzte ich meinen „negativen“ Glaubenssatz durch:

„Ich bin eine Stimmungskanone!“

Dies war eine meiner schönsten Erkenntnisse, denn ich werde gerne zu Festen und Feiern eingeladen, weil immer wieder behauptet wird: „Wenn du dabei bist, dann wird es ganz bestimmt lustig!“ Außerdem bin ich eine beliebte Tanzpartnerin.

Darauf möchte ich noch detaillierter eingehen. Es fasziniert mich immer wieder aufs Neue, wie versteckt manche Überzeugungen sich im Außen zeigen. Ich meine damit, dass ich ohne die Spiegelgesetz-Methode® nicht daraufgekommen wäre, dass mir mein „keckes und freches“ Kind zeigt, dass ich mich fürchtete, als Frau geschlagen zu werden!

Der Umkehreffekt wäre gewesen, dass ich höchstwahrscheinlich eine „schlagende" Mutter geworden wäre. Manchmal war ich mit Armin tatsächlich in Situationen, wo ich ihm am liebsten eine Ohrfeige gegeben hätte …

Da ich, wie vorher erwähnt, das Wort „aufführen" mit schlagen verbunden hatte, trat der Umstand ein, dass, wenn jemand zu mir sagte, „dein Kind führt sich auf", ich „glaubte", ich „müsse" ihm eine Ohrfeige geben. Noch einmal (!), das passiert im Unterbewusstsein!

Alles, was ich in mir unterdrücke oder verdränge, unbewusst oder bewusst, sucht sich im Außen einen Weg. Es will heraus! Das kann in verschiedenster Form passieren, darum ist es manchmal so schwer erkennbar.

Durch das Erkennen meines Musters konnte ich meine Kinder immer mehr akzeptieren, so wie sie waren. Mir wurde bewusst, welche Talente in ihnen stecken. Ich wurde selbstbewusster, was meinen Erziehungsstil betraf, und Schwächen, die es in Wirklichkeit gar nicht gab, wandelte ich in Stärken um. Bei den Kindern zeigte sich das in den verschiedensten Bereichen, ihre Interessen wurden breiter, sie wurden flexibler und es steigerte sich die Aufnahmefähigkeit und Lernbereitschaft.

„Gute“ Mutter, „schlechte“ Mutter!

Bei meiner Tochter war es anders. Obwohl dieselbe Erziehung und dasselbe Umfeld wie bei ihrem Bruder gegeben waren, hatte sie die Meinung über sich, das eine oder andere nicht zu können. Jedes Schuljahr begann sie mit: „Hoffentlich schaff ich das!“; „Das ist mir zu schwer“; „Das kann ich nicht!“ Es war mir nicht möglich, sie vom Gegenteil zu überzeugen. Meine Tochter entwickelte ein „Versagersyndrom“ und bekam dies klarerweise von ihrer Umwelt auch bestätigt. Schulwechsel wegen extrem schlechter Noten waren notwendig. Sie befand sich in einem Tief und ich mich mit ihr.

In meinem Inneren lief es wieder wie in einem Film ab, dass ich als Mutter versagt hatte; dass ich meine Tochter anscheinend zu wenig gefördert hatte; dass ich hätte strenger sein sollen, was die Schule betraf. Wenn ich nicht arbeiten gegangen, sondern zu Hause geblieben wäre, dann wäre das alles nicht so gekommen. Ich bekam das auch von anderen Müttern serviert: „Na ja, wenn es dir wichtiger ist, ins Fitnessstudio zu gehen und nicht mit deinem Kind zu lernen, brauchst du dich ja auch nicht zu wundern. Du wirst noch sehen, wo das hinführt.“ Ich hatte selber ein sehr strenges Bewertungssystem, was eine „gute“ oder eine „schlechte“ Mutter ist.

Auch ich hatte früher andere Mütter analysiert und beurteilt. Nun war ich die Beurteilte. Dadurch war ich gezwungen, mich ununterbrochen um alles kümmern zu müssen. Also musste ich meine Interessen immer hinten anstellen, um nur ja eine „gute“ Mutter zu sein. Die Betonung lag im MUSS, es verdeutlichte den Zwang zum Perfektionismus. Dahinter verbarg sich eine extreme Angst, eine „Versagermutter“ zu sein oder besser gesagt überhaupt zu „versagen“.

Das wollte ich so schnell wie möglich loswerden.

AHA … es war an der Zeit für mich,
in den Spiegel zu schauen.

Schritt 1: Beschreiben

Was sagte mir „versagen"?
Was störte mich daran?

Ich konnte den Satz: „… Hoffentlich schaff ich das!" nicht mehr hören. Außerdem war er mit Raunzerei und Jammerei verbunden. Meine Meinung war, dass meine Tochter es nicht tun wollte und den einfacheren Weg ging, indem sie von vornherein behauptete: „Das schaff ich eh nicht!" Somit brauchte sie sich auch gar nicht bemühen. Solche Menschen gehen den einfachsten Weg und erreichen nichts.

Schritt 2: Akzeptieren und entschlüsseln

Was war so schlimm daran zu „versagen"?
Wie *lautete mein* Urteil über Menschen, die „versagen"?

Ich ersetzte Daniela durch ICH.
Was glaube ich nicht zu schaffen? Wo glaube ich, mich bemühen zu müssen und es mir nicht einfach machen zu dürfen?

Mein Urteil (tauchte sofort auf):
„Wenn man es sich einfach macht, dann wird man ein Versager. Die enden in der Gosse, sterben einsam und verlassen."

Dieses Urteil bezog sich auf das Thema „Mutter". Schlechte (in der Kindererziehung versagende) Mütter haben versagende Kinder, die in der Gosse landen.

Es ist mir noch in lebendiger Erinnerung, dass ich früher, bevor ich eigene Kinder hatte, immer wieder gehört habe, dass es „gute" und „schlechte" Mütter gibt. Die „guten" Mütter waren die, die brav mit ihren Kindern lernten und sich um alles kümmerten. Aus deren Sprösslingen wird auch was! ☺

Mir wurde klar, dass ich mich in einigen Bereichen meines Lebens sehr eingrenzte und mich immer nach den anderen richtete. Ich übernahm Meinungen und Überzeugungen von meiner Umgebung und gönnte es mir nicht, freie Entscheidungen zu treffen. Vor allem was die Förderung meiner Kinder betraf. Ich glaubte, wenn ich mich mehr ums Lernen mit meinen Kindern kümmerte, dann würden sie erfolgreich. Somit holte ich mir gute Ratschläge von anderen. Ich gab den anderen die Macht zu entscheiden, was richtig oder falsch war. Dahinter steckte die Angst, selbst zu versagen und dadurch meine Kinder zu *„Versagern"* zu erziehen.

Laut Spiegelgesetz-Methode® nach Christa finden wir jedoch in jeder scheinbar negativen Eigenschaft ein Geschenk, eine Fähigkeit, eine Stärke, eine Begabung!

Ich akzeptierte: *Ich habe Angst zu versagen!*
So fragte ich mich: *„Was kann ein so genannter Versager besonders gut?"*

versagen – (positiv umgewandelt) frei, ungebunden
schlecht – (positiv umgewandelt) grenzenlos

Er/sie ist frei und entscheidet selbst, Grenzen zu setzen.

Schritt 3: Danken und aufgeben

Ich schrieb meine Überzeugungen über Menschen, die versagen, und über meine Angst, selbst zu versagen, auf ein Kärtchen, sah es mir nochmals gut an und ließ sie auf mich wirken. Ich bedankte mich beim lieben Gott und beim Universum dafür, dass sich Daniela zur Verfügung gestellt hatte, mir meinen eigenen lieblosen Umgang mit mir selbst vor Augen zu führen. Dann verbrannte ich das Kärtchen.

Schritt 4: Neue Idee

Nach meinem kleinen Ritual ersetzte ich meinen „negativen“ Glaubenssatz durch einen Gedanken, der mir Wohlgefühl bescherte:

„Meine Entscheidungen sind IMMER richtig.“

Die Veränderung in meinen Gedanken zeigte sich ziemlich bald. Es wurde mir immer gleichgültiger, was andere von mir denken. Dadurch veränderte sich auch mein Freundes- und Bekanntenkreis, der heute locker und positiv zum Leben eingestellt ist.

Zu meinen Entscheidungen zu stehen hat zur Folge, dass ich die Entscheidungen anderer voll und ganz akzeptiere. Mein Wertungssystem hat sich verändert, da Entscheidungen, die ich für mich treffe, immer richtig sind, somit gestehe ich dies auch den anderen zu. In meinem Leben zeigt sich das, indem ich in keinen Tratschrunden mehr sitze und über den einen oder anderen grüble und bewerte, warum er das so gemacht hat oder so.

Eine amüsante Aussage von einer Freundin dazu: „Worüber reden wir dann eigentlich, wenn wir niemanden mehr ausrichten?“ ☺

Keine Angst, ein bisschen über die anderen zu reden ist vollkommen okay! Was ich damit meine, ist, dass man Richtlinien setzt und alle haben sich daran zu halten, oder Menschen, die nur ihre Meinungen zählen lassen.

Ein sehr lieber Freund hatte für mich auch eine einfache, klare Aussage:

„Du kannst nur Mutter sein! Ob „schlecht" oder „gut" ist deine eigene Beurteilung!"

Das „dazugekommene“ Stiefkind

Ich habe durch die Veränderung meiner Familiensituation einen Stiefsohn bekommen. Da ich seinen Vater liebte, wollte ich auch seinen Sohn Daniel sehr liebevoll aufnehmen und war der Meinung, dies auch zu tun. Theoretisch konnte ich es auch. Praktisch schaute das ein bisschen anders aus, da mir etwas Entscheidendes dazwischenkam: Eifersucht auf Daniels Mutter und auch auf Daniel selbst. Es kam mir so vor, als würde mir durch die beiden Aufmerksamkeit entzogen werden. Mit meinem Verstand unterdrückte ich dies sehr geschickt, aber rückblickend gesehen, war dies auch sehr mühsam. Ich wusste natürlich, dass ich in diesem Punkt ziemlich kindisch reagierte, aber es war trotzdem so. Verschärft wurde die Situation noch, weil Daniel am Anfang alles „Gute“ verweigerte, das ich ihm tun wollte. Bei seinen Aussagen: „Bei meiner Mama schmeckt das Essen besser“ oder „Bei meiner Mama ist das so und nicht so“, regten sich mein Ärger und meine versteckte Eifersucht.

Cool tat ich auf verständnisvoll. (Ich war damals auch überzeugt davon, dass ich verständnisvoll war!) Doch die „unterdrückte“ Eifersucht bestand und brodelte in mir. Ich war hin und her gerissen zwischen Verstand und Emotion.

Daniels Eltern waren in gutem Einvernehmen auseinandergegangen und Daniels Vater kümmerte sich sehr um seinen Sohn und integrierte ihn in unser mittlerweile gemeinsames Leben. Ich fand das auch toll, er hatte sich ja von seiner Frau scheiden lassen und nicht von seinem Kind.

War vollkommen okay, wenn nicht meine „kindische“ Eifersucht gewesen wäre. Die Eifersucht trieb mich dazu, ungerecht zu werden. Also fing ich an, Fehler zu suchen, und zwar bei der Mutter. Bestärkt wurde mein Begehren auch noch von meinem

Umfeld. Keiner kannte die Mutter, aber jeder wusste, was sie falsch gemacht hatte, einschließlich mir. Es kam so weit, dass ich unterschwellig versuchte, Daniels Mutter auszugrenzen. Ich war beleidigt, wenn mein Mann mit seiner Ex-Frau gemeinsam Zeit mit ihrem Kind verbrachte. Zeitweise erkannte ich das und Schuldgefühle führten zu innerlichen Selbstbeschimpfungen. Ich drehte mich im Kreis. Ich wurde pitzelig und kleinlich und verachtete mich dafür. Am meisten schadete ich mir selbst damit. Denn wo war meine Lebensqualität geblieben?

AHA … es war an der Zeit für mich,
in den Spiegel zu schauen.

Schritt 1: Beschreiben

Was sagte mir meine Eifersucht?
Was störte mich daran?
Die Situation habe ich oben schon beschrieben.

Schritt 2: Akzeptieren und entschlüsseln

Was war so schlimm daran, „eifersüchtig“ zu sein?
Wie *lautete mein* Urteil über „eifersüchtige“ Menschen?

In diesem Fall brachte mich die Emotion sehr schnell auf den Punkt. Ich verurteilte mich selbst für diese eifersüchtigen Gefühle. Also ergab sich nur die eine Frage, was zeigt mir die Eifersucht und warum muss ich sie unterdrücken?

Mein Urteil (tauchte sofort auf):
„Eifersüchtige Menschen zerstören ALLES.“

Mein Vater war ein sehr *„eifersüchtiger"* Ehemann gewesen. Diese Eifersucht äußerte sich nicht nur darin, dass er meine Mutter beschuldigte, Interesse an anderen Männern zu haben, sondern er war auch eifersüchtig auf Erfolg oder Freude. Eigentlich auf alles, was die Aufmerksamkeit von ihm abzog. Das hat sich auch auf mich und meinen Bruder übertragen. Sobald einer von uns sich über etwas freute oder Spaß hatte, wurde es negativ und mies gemacht oder wir wurden kritisiert. Vor allem wurde es als Druckmittel eingesetzt. Im wahrsten Sinne des Wortes *„zerstört"*.

Laut Spiegelgesetz-Methode® nach Christa Kössner finden wir jedoch in jeder scheinbar negativen Eigenschaft ein Geschenk, eine Fähigkeit, eine Stärke, eine Begabung!

Ich akzeptierte: *Ich bin eifersüchtig!*

In der Folge fragte ich mich: *„Was kann jemand besonders gut, der eifersüchtig ist?"*

eifersüchtig – (positiv umgewandelt) fürsorglich, gut beobachten können

Er/Sie beobachtet sich selbst und weiß, wann er/sie für sich selbst sorgen soll.

Schritt 3: Danken und aufgeben

Ich schrieb meinen Glaubenssatz „Eifersüchtige Menschen zerstören alles. Ich bin eifersüchtig" auf ein Kärtchen, sah es mir nochmals gut an und ließ es auf mich wirken. Ich bedankte mich bei Gott dafür, dass er mir Daniel als Spiegelbild geschickt hatte und mir geholfen hatte, meine lieblose Überzeugung zu erkennen. Dann verbrannte ich das Kärtchen.

Schritt 4: Neue Idee

Nach meinem kleinen Ritual ersetzte ich meinen „negativen" Glaubenssatz durch:

„Ich bin eine fürsorgliche Mutter und Frau."

Meine Eifersucht hatte mich dazu gebracht, die „Liebesbotschaft" zu erkennen, und Daniel und seine Mutter waren die Hilfe dazu, mir überhaupt bewusst zu machen, dass diese Emotion in mir war. Sie diente mir als Erkenntnis. Wenn heute bei mir eifersüchtige Gefühle hochkommen, dann kann ich sie liebevoll annehmen und ich weiß gleichzeitig: Jetzt ist es wieder an der Zeit, mich um mich selbst zu kümmern. Übrigens, ich habe mir verziehen, auf die Ex-Frau eifersüchtig gewesen zu sein. Sie war eine Mutter wie du und ich. Einfach toll!

Zu *„fürsorglich"* kam noch *„verständnisvoll"* dazu. So wurde mein Umgang mit Daniel freundlicher und friedlicher. Ich konnte auch Daniels Mutter akzeptieren, so wie sie war.

Und vor allem: Ich war in Frieden mit mir (!).

Für mich war diese Erkenntnis sehr wichtig, nämlich fürsorglicher und verständnisvoller mit mir selbst umzugehen. Sehr wohl dazu zu stehen, wenn ich *„eifersüchtig"* oder *„neidisch"* bin. Es zeigt mir, was ich gerne hätte. Was mir fehlt. Was ich für mich tun könnte, um mich wohl zu fühlen.

In diesem Fall war es, meine fast zwanghafte Tendenz loszulassen, eine gute Stiefmutter zu sein, und mich in die Erziehungsarbeit von Daniels Eltern einzumischen. Im Gegenteil, ich nützte die Zeit für mich, wenn mein Mann alleine mit Daniel etwas unternahm. Da sich durch meine neue Einstellung auch das Verhältnis zu Daniels Mutter verbesserte, war sie auch bereit, das eine oder andere Mal auf eines meiner Kinder aufzupassen.

Ich war immer der Meinung gewesen, dass ich nicht eifersüchtig bin. Durch meine Erfahrung mit Eifersucht in meiner Kindheit wollte ich sie vermeiden und habe sie verstandesmäßig unterdrückt. Der Trick war, dass ich meine Eifersucht hinter Abwertungen und Beurteilungen versteckte. Wenn man jemanden abwertet, dann steckt Neid oder Eifersucht dahinter.

Dieses Kapitel erscheint mir sehr wichtig, und zwar aus dem Grund, weil es zeigt, dass die Emotion ein Weg sein kann, um auf einen verschleierten Glaubenssatz aufmerksam zu machen!

Es ist notwendig, die Emotion richtig zu deuten. Manchmal spürt man Unsicherheit oder Unwohlsein, ohne im Außen einen ersichtlichen Grund dafür zu finden. Dahinter versteckt sich meistens eine „negative", unterdrückte Eigenschaft, die man an sich selber nicht sehen möchte. Da hilft nur absolute Ehrlichkeit zu sich selbst.

Das „schüchterne" Musterkind

Mein Stiefsohn war in meinen Augen ein „schüchternes" Kind. Im Gegensatz zu meinem Sohn Armin benahm er sich zurückhaltend und vorsichtig. Bei unseren ersten Begegnungen versteckte er sich hinter seinem Vater und war eben „schüchtern". Anfangs machte mir das nicht so viel aus, ABER in weiterer Folge kam Daniels Verhalten bei mir immer öfter „negativ" an. Was mir besonders auffiel, war sein Gehorsam, ganz das Gegenteil von Armin! Jetzt gab es zwei Parteien, den Freundeskreis meines Mannes und meinen Freundeskreis. Ich hörte über Daniel allerlei unterschiedliche „Urteile". So galt Daniel im Freundes- und Verwandtenkreis meines Mannes als „gut erzogen". In meinem damaligen Freundeskreis hörte ich oft Aussagen wie: „Der ist komisch, der ist ja zu ruhig!" oder „Mit dem stimmt etwas nicht."

Von meinem Stiefsohn kannte ich keine Zornanfälle. Daniel gab fast immer nach. Er wurde nie laut und gehorchte „aufs Wort" …

Mich störte das, denn für meine Begriffe war er **zu** ruhig und **zu** folgsam! Ich beurteilte sein angepasstes Verhalten ziemlich hart … als „dressiert"! Du kannst dir vielleicht schon denken, in welche Richtung meine analytischen Gedanken kreisten. Meine damaligen Freundinnen unterstützten mich noch dazu tatkräftig in meiner negativen Beurteilung. Irgendwann ist mir das jedoch selbst zu viel geworden und es kam der Moment, wo ich wusste:

**AHA … es war an der Zeit für mich,
in den Spiegel zu schauen.**

Schritt 1: Beschreiben

Was sagte mir die „Schüchternheit" von Daniel?
Was störte mich daran?
Ich beschrieb die obige Situation.

Schritt 2: Akzeptieren und entschlüsseln

Was war so schlimm daran, „schüchtern" zu sein?
Wie *lautete mein* Urteil über „schüchterne" Menschen?

Schüchterne Menschen waren mir ein Gräuel. Sie waren in meinen Augen fad und uninteressant. Ich wollte auf keinen Fall so sein. Wenn ich in meinem Freundeskreis jemanden hatte, der schüchtern war, wollte ich ihn unter allen Umständen ändern. Dies wollte ich auch bei meinem Stiefsohn und war permanent bemüht, ihn aus der Reserve zu locken. Er bemühte sich auch und befolgte größtenteils meine Ratschläge. Dies war mir aber auch nicht recht, da er ja nur machte, was man ihm vorgab, das war meine Meinung.

Ich ersetzte Daniel durch ICH.
Warum verurteile ich „schüchterne" Menschen?

Mein Urteil (tauchte sofort auf):
„Schüchterne Menschen sind dressiert, mit denen kann jeder machen, was er will."

Dabei fiel mir ein, dass ich in der Kindheit selbst sehr schüchtern gewesen war, dies hatte sich in der Pubertät komplett umgedreht und ich wurde schüchternen Menschen gegenüber sehr unfair.

In meiner Schulzeit hatte ich über schüchterne Menschen eine sehr schlechte Meinung und war bei jenen dabei, die die Schüchternen sekkierten. Die mussten immer das machen, was wir Nicht-Schüchternen ihnen befahlen. Trotzdem fehlte mir beim Erkennen dieses Glaubenssatzes irgendetwas. Mir fiel ein, dass es besonders die schüchternen Mädchen waren, die ich nicht mochte. Diese waren meistens sehr unauffällig und von den Jungs nicht sehr begehrt, weil die Jungs diese Mädchen als fad empfanden. Ich weiß nicht mehr, wie ich zu diesem Urteil kam, ob mir das selber eingefallen war oder ob ich es gehört hatte:

„Schüchterne Frauen sind wie graue Mäuse, die sieht keiner, die bekommen keinen Mann.

Durch diese schlechte Meinung über „schüchterne Frauen" war ich gezwungen, nicht „schüchtern" zu sein, und wollte es unbedingt vermeiden, somit bin ich in der Pubertät ins andere Extrem gefallen. Dies ist ein gutes Beispiel dafür, wie sich das Verhalten der Kinder in der Pubertät verändert, wenn eine Eigenschaft kritisiert wird. Es ist nicht das Kind, das sich verändert, sondern nur das Verhalten.

Ich war als kleines Mädchen „schüchtern" und Fremden gegenüber manchmal zurückhaltend. Mir war es auch sehr peinlich, in einer größeren Gruppe jemanden begrüßen zu müssen, weil ich dabei das Gefühl hatte, im Mittelpunkt zu stehen, und das verunsicherte mich! Am liebsten hätte ich mich irgendwo verkrochen! Das Interessante daran war, dass ich damals – so wie Daniel später – ebenfalls von anderen mit fast denselben Worten (!) kritisiert worden war: „Warum benimmst du dich so komisch?", „Sag, stimmt irgendetwas nicht mir dir?"

Auf der einen Seite benahm ich mich zu *„ruhig und zu schüchtern"*, auf der anderen Seite durfte ich aber auch nicht

„laut und lebendig" sein. Es bestimmte immer „jemand anderer" (meine Eltern), wie ich mich zu verhalten hatte!

Ich schlitterte immer mehr in Unsicherheit. Ja, ich wusste manchmal überhaupt nicht mehr, wer ich bin und wie ich mich benehmen sollte! Immer öfter orientierte ich mich an den „anderen" und wurde beschämend „nachgiebig", was meine Bedürfnisse anlangte. Meine Angepasstheit ging so weit, dass ich vieles tat, was für mich überhaupt nicht passte! Ich habe es gemacht, um zu den anderen dazuzugehören, doch im Inneren wuchs mein Ärger gegen mich selbst. Wenn mir mein eigenes Verhalten zu viel wurde, „rächte" ich mich in der Kommunikation mit anderen durch „Bissig-Sein" … dabei fühlte ich mich scheußlich, wie der Elefant im Porzellanladen!

Von anderen musste ich immer wieder hören: „Wenn du dich nicht änderst, wirst du keinen Mann bekommen!!"

Laut Spiegelgesetz-Methode® nach Christa Kössner finden wir jedoch in jeder scheinbar negativen Eigenschaft ein Geschenk, eine Fähigkeit, eine Stärke, eine Begabung!

Ich akzeptierte: *Ich will schüchtern und dressiert sein!* ☺

So fragte ich mich: *„Was kann jemand besonders gut, der schüchtern und nachgiebig ist?"*

schüchtern – (positiv umgewandelt) distanziert, Abstand halten, verschafft sich einen Überblick
dressiert – (positiv umgewandelt) anpassungsfähig, vielseitig

Der/Die geht, wenn es für ihn/sie notwendig ist, auf Abstand, verschafft sich auf Distanz einen Überblick und ist flexibel und vielseitig.

Schritt 3: Danken und aufgeben

Ich schrieb meine Überzeugungen über schüchterne Menschen und über meine eigene Schüchternheit auf ein Kärtchen und ließ diese Überzeugungen nochmals gut auf mich wirken. Ich bedankte mich dafür, dass es mir mit Daniels Hilfe möglich war, diese zu erkennen und mich auf meine eigene Lieblosigkeit mir gegenüber aufmerksam zu machen. Dann verbrannte ich das Kärtchen. Ich verbrenne meine Glaubenssätze mit ein paar Dankesworten, aber du kannst auch eine andere Form des Loslassens wählen.

Schritt 4: Neue Idee

Nach meinem kleinen Ritual ersetzte ich meinen „negativen" Glaubenssatz durch:

„Ich agiere flexibel und vielseitig."

Diese meine neue Idee ist mittlerweile zu einer Lebensmaxime geworden. Denn je nach Lust und Laune ziehe ich mich zurück – oder – ich genieße die Feste so, wie sie fallen.

Ich plane auch nicht mehr langfristig, sondern lasse mir immer offen, einen Termin auch absagen zu dürfen.

Ich war immer sehr bestrebt, Einladungen oder Termine einzuhalten. Es ging so weit, dass ich, auch wenn ich krank war oder mich nicht wohlfühlte, trotzdem nicht absagte. Manchmal gab ich meine Zustimmung oder ließ mich überreden, obwohl ich gar nicht wollte. Vor allem Verabredungen, die schon Wochen oder Monate lang vorausgeplant wurden, waren mir im Ansatz schon unangenehm. Trotzdem traute ich mich nicht NEIN zu sagen, da ich Angst hatte, etwas zu versäumen oder jemanden zu verärgern. So nach dem Motto: Dann will mich niemand mehr! ☺

Heute wäge ich sehr wohl ab, ob etwas für mich passt oder nicht. Wenn ich unsicher bin, dann lasse ich mir die Zusage offen und bitte darum, mich kurzfristig entscheiden zu können. Mit meinen jetzigen Freundinnen und Bekannten funktioniert das bestens. Damit fallen auch Ausreden oder Ausflüchte weg.

Meine Kindheit und Jugend

Ein kurzer Rückblick auf meine Kindheit zeigt deutlich, wie sich negative Glaubenssätze oder lieblose Überzeugungen in meinem Leben wiederholten. Heute danke ich meinen „pubertierenden" Kindern, dass ich dies durch sie erkennen durfte.

Viele dieser Überzeugungen und Glaubenssätze haben mein Leben bestimmt – und am deutlichsten spiegelten sie sich in meinen Beziehungen. Am meisten kränkte ich mich über die Verwirklichung meiner (!) lieblosen Einstellung in meinen Liebesbeziehungen. Heute darf ich bestätigen, dass sich durch Veränderung meiner Geisteshaltung und durch Auflösung meiner negativen Urteile eine äußerst positive Meinung über Männer bei mir bemerkbar gemacht hat. Selbstverständlich veränderte sich dadurch auch mein Verhalten Männern gegenüber.

Ich möchte etwas konkreter auf mein verändertes Partnerschaftsbild eingehen. Vor allem ->

Es erscheint mir heute wirklich sinnlos, darauf zu beharren, dass sich der Partner oder die Partnerin verändern MUSS!

Rückblick: Ich genoss eine strenge Erziehung und durfte meine Pubertät nicht so richtig ausleben. Mein Vater war ein sehr „dominanter und strenger" Mann und hatte ein großes „Aggressionspotenzial". Er war auch stets der Bestimmende in unserer Familie. Deshalb hatte sich bei mir ein Männerbild eingeprägt: „dominant, streng und aggressiv"! Meine Mutter war das Gegenteil! Sie war immer darauf bedacht nachzugeben, um Streit zu verhindern, und wirkte auf mich „ängstlich". Dadurch konnte sie ihre wahren Bedürfnisse oder Wünsche nicht wirklich durchsetzen. Und genau DAS prägte mein Selbstbild als Frau.

Mit zunehmendem Alter bildete ich mir eine ziemlich schlechte Meinung über die „Ängstlichkeit“ meiner Mutter und schwor mir, auf keinen Fall „eine so ängstliche Frau“ zu werden! (Ängstlich sein bedeutet heute für mich: sensibel und einfühlsam reagieren.)

Logischerweise befand ich mich in meinen Partnerschaften immer in „Kampfbereitschaft“. Mein erster Freund war ein sehr gefühlvoller und einfühlsamer Mann. Ich konnte damals mit diesem Mann überhaupt nichts anfangen, da ja mein Männerbild ganz anders aussah! Ich suchte unbewusst immer einen „richtigen Mann“, also einen, der „dominant, streng und aggressiv“ ist. Da meine erste Liebe diese Eigenschaften offensichtlich nicht besaß, wurde mir diese Beziehung mit der Zeit „langweilig“ und ich zeigte mich immer öfter „aggressiv“. Außerdem nörgelte ich andauernd an meinem Freund herum, um meiner Unzufriedenheit Raum zu geben. Mit einem Wort waren meine ersten Beziehungen zu Männern keine Liebesbeziehungen, sondern Kampfgemeinschaften. ☺

Heute lebe ich meine Aggressionen sehr wohl in „positiver“ Form. Hinter der Aggression hatte sich nämlich meine Leidenschaft zum „Sport“ versteckt. Bewusst wählte ich eine außergewöhnliche Sportart, bei der ich auch „böse“ und aggressiv sein darf: das BOXEN. ☺

Bis zu meiner letzten Ehe hatte sich mein auf Dominanz geprägtes Männerbild durchgezogen. Mein Ausgelaugt-Sein zeigte sich leider auch in verschiedenen Krankheiten. Trotzdem konnte ich nicht loslassen, da mir nicht bewusst war, wie ich mit mir selbst umging. Dieser Selbstbetrug zeigt sich im Außen durch den Betrug meines Mannes, denn er hatte jahrelang ein Verhältnis mit einer „guten“ Freundin von mir. Zum damaligen Zeitpunkt konnte ich nicht erkennen, dass diese für mich sehr schmerzliche Angelegenheit ein Geschenk war! Heute bin ich dankbar dafür, denn diese Erfahrung hat mich gezwungen, darüber nachzudenken: „Worum betrüge ich mich selbst?? Was genau ist es, das ich mir selbst verwehre??"

Während der Trennung von meinem Mann lebte ich mit meinem Glaubenssatz „Irgendetwas stimmt mit mir nicht!" ... (Es war der aus der Geschichte „Das schüchterne Musterkind"!)

Glaubenssätze zeigen sich manchmal nur in einem Lebensbereich. Häufig kommt es auch vor, dass sie sich in vielen Punkten spiegeln. Meine Gedanken kreisten unentwegt um mein mich selbst klein machendes Selbstbild: „Ich bin ein Versager, ich bin unfähig, ich kann nichts ..." (exakt die Überzeugungen aus Danielas Spiegelungen).

Eine kleine Erklärung zu meinem Glaubenssatz „Irgendetwas stimmt mit mir nicht".

Meine Mutter hat immer über meinen Vater gesagt, wenn sie sich geärgert hat: „Der ist ja nicht normal, mit dem stimmt ja etwas nicht." Mein Vater ist in mittleren Jahren geistig krank geworden. Er war paranoid und schizophren. Lange Zeit hatte ich Angst, dass es mir auch so ergeht. Es hatte eine so starke Bedeutung für mich, dass ich überzeugt war, irgendwann in der Psychiatrie zu landen oder einen verrückten Mann zu bekommen.

Nach meiner Trennung lebte ich einige Jahre alleine und hatte den Wunsch nach einer erfüllten, glücklichen Partnerschaft schon aufgegeben. Vor allem war ich auf ALLE Männer sehr wütend und wollte keinen mehr in meiner Nähe haben.

Als meine Kinder auszogen, war ich in einer neuen Lebenssituation – plötzlich alleine! Manchmal konnte ich diese „Einsamkeit" kaum noch ertragen und so wurde mir ziemlich bald bewusst, dass ich meine kommenden Lebensjahre auf keinen

Fall partnerlos bleiben wollte. Gleichzeitig spürte ich aber auch Angst davor. Also begann ich, mich mit meinem Männerbild auseinanderzusetzen.

Gerne nahm ich meine „männlichen" Freunde zu Hilfe. Durch ehrliche Gespräche ergab sich für mich allmählich ein neues Bild von einem Mann. Meine Freunde hatten auch ihre von Kindheit an geprägte Sichtweise über Frauen, aber im Endeffekt hörte ich die gleichen Wünsche und Probleme heraus, wie ich sie selbst hatte. Immer besser erkannte ich meine Projektionen aus der Kindheit und daraus ergab sich für mich gottlob ein anderer Blickwinkel auf alles Männliche. Männern begegne ich heute wirklich ganz anders als noch vor ein paar Jahren. Derzeit lebe ich gerade in einer sehr harmonischen, innigen und leidenschaftlichen ☺ Liebesbeziehung.

Liebe Leser, ihr seht, dass meine Urteile über das Verhalten von Männern weite Kreise gezogen haben und damit mein Verhalten lange Zeit bestimmten! Ohne in diesen – in meinen eigenen (!) – Spiegel zu schauen, hätte ich mein in vielen Punkten liebloses Männerbild an meine Kinder weitergegeben.

Es ist kein Zufall, dass sich in meinen Geschichten bestimmte Eigenschaftswörter wiederholen, weil ich damit deutlich machen möchte, wie sie sich in meinem Leben und im Verhalten meiner Kinder manifestiert hatten. Erst die Veränderung – die Umwandlung negativer Eigenschaften und Verhaltensweisen in Schritt 2 der Spiegelgesetz-Methode® und das Aufgeben dieser meiner negativen Urteile – wandelten meine früheren Deutungen um und lösten mich damit auch aus meinen Verstrickungen!

Mein widerspenstiges Lebensthema

Ich konnte an mir immer wieder beobachten, dass das eine oder andere Problem sehr hartnäckig war. Du wirst vielleicht bemerkt haben, dass die Geschichten in ihrer Essenz sehr ähnlich sind. Ich habe immer wieder festgestellt, dass es dabei bei mir um ein spezielles Grundthema geht, das sich wie ein roter Faden durch mein Leben zieht. Manchmal war ich schon verzweifelt. „Fein, endlich habe ich das gelöst!", dachte ich … und BUMM zeigte sich das alte Thema wieder in anderer Form.

Zu meinen widerspenstigen Themen gehörte zum Beispiel das Thema „Freiheit":

Durch die Spiegelgesetz-Methode® wurde ich darauf aufmerksam gemacht, wie unfrei ich im tiefsten Inneren gewesen war. Dem Wort „Freiheit" hatte ich nämlich früher eine ganz andere Bedeutung gegeben, als ich das heute tue. Lange Zeit war ich überzeugt davon, dass ich mir genügend Freiheiten nahm! Dass aber „Freiheit" eigentlich eine ganz andere Bedeutung für mich hat, durfte ich erst durch die Spiegelgesetz-Methode® erfahren. Es ging bei mir nämlich nicht darum, dass ich äußerlich durch verschiedene Aktivitäten als „freier Vogel" galt, sondern um eine Art innere Erlaubnis, ALLES tun zu dürfen, wonach mir ist.

So manche „Freiheit" lebte ich zwar aus, aber stets mit einem „schlechten" Gewissen oder begrenzt durch Selbstbefragungen: „War das jetzt richtig oder falsch von mir?" Diese Unsicherheiten brachten mich manchmal sogar in eine Depression. In solchen Momenten habe ich mich selbst durch milde Worte beruhigt, wie zum Beispiel: „Das gönne ich mir jetzt" … oder „Das ist jetzt stimmig für mich." Aus heutiger Sicht muss ich zugeben, dass diese Selbstsuggestionen halbherzige Angelegenheiten waren. Aufgefallen ist mir diese Tatsache deswegen, weil ich trotz meiner angeblichen „Freiheiten“ manchmal trotzig oder bissig reagiert habe. Da spürte ich … irgendetwas stimmt noch nicht ganz.

In meiner unmittelbaren Nähe hatte ich damals ein dementsprechendes Spiegelbild: den bissigen Hund einer Freundin! Den betreute ich von Zeit zu Zeit ☺.

(Literaturhinweis: „Mein Haustier spiegelt mich“ von Christa Kössner, Ennsthaler Verlag)

Heute bedeutet „Freiheit“ für mich, **selbst zu entscheiden, was richtig und was falsch FÜR MICH ist.**

Ich halte mich sehr bewusst damit zurück, anderen Ratschläge zu geben, da jeder seine eigene Geschichte hat, und wenn etwas für mich gut oder schlecht ist, heißt das noch lange nicht, dass dies auch für mein Gegenüber gelten muss. Bewertungen oder Verurteilungen passieren mir manchmal noch immer, aber ich gehe heute wesentlich bewusster damit um.

Meinungen gebe ich nur mehr ab, wenn ich gefragt werde. Gerne höre ich mir auch Sichtweisen anderer an und nehme die eine oder andere Anregung auf.

Da ich den Zwang, alles „richtig“ und „perfekt“ machen zu müssen, aufgegeben habe, zeigten sich als Folge davon auch bei meinen Kindern Begabungen, die ich nie für möglich gehalten hätte. Was beweist – wenn ICH in meinem Denken und Glauben etwas richtigstelle – dann verwandeln sich auch meine menschlichen Spiegelbilder!

Das heißt nicht, dass sich das Gegenüber wirklich verwandelt, aber ich empfinde und sehe es anders durch meine „verwandelte“ Einstellung! Mein Verhalten oder mein Umgang mit meinem Gegenüber ändert sich und dadurch hat man das Gefühl, das Spiegelbild hat sich verwandelt. Das Spiegelbild erscheint in einem anderen Licht!

Das ist die „Freiheit", die wir haben, uns unsere eigene Sichtweise bewusst anzueignen.

Durch die Veränderung meiner Sichtweise hat sich natürlich auch mein Erziehungsstil den Kindern gegenüber sehr gelockert. Demnach kommen wir jetzt zu den *„erfreulichen"* pubertierenden Spiegelbildern.

Zurück zu den Begabungen meiner Kinder. Ich brauchte bei ihnen gar nichts fördern, da ihnen ihre Talente sowieso in die Wiege gelegt worden waren.

Die „gelassene" Daniela

Daniela besitzt die Fähigkeit, geduldig, einfühlsam und liebevoll mit körperlich oder geistig behinderten Menschen umzugehen. Die Kommunikation mit alten, pflegebedürftigen Menschen fällt ihr sehr leicht. Sie zeigt viel Mitgefühl und kann sich trotzdem sehr gut abgrenzen, was ich für notwendig halte, damit sie nicht selbst in Mitleid zerfließt. Meine Tochter kennt auch keine Berührungsängste. Auch für kleine Kinder zeigt Daniela großes Verständnis. Sie empfindet deren Schabernacke weder als Nerven aufreibend noch als anstrengend. Wenn ich heute auf ihre „Faulheit" während der Schulzeit zurückblicke, darf ich behaupten, dass es wirklich die „Faulheit" war, die sowohl uns Eltern wie auch sie selbst auf diesen sozialen Weg gebracht hat. Weil wir dadurch alle gezwungen wurden, in den Spiegel zu schauen und das Gute darin zu erkennen! Alternative Ausbildungswege haben sich dann automatisch ergeben.

Es fällt mir auf, dass meine Tochter, die mittlerweile der Pubertät entwachsen ist, x-beliebige Notsituationen sofort erkennt. Und dann hilft sie, ohne viel nachzudenken! Ihr Selbstwertgefühl hat sich gut entwickelt. Sie ist imstande, Entscheidungen für sich selbst zu treffen. Sie hat gelernt, sich um ihr Wohlgefühl zu kümmern und auch ihre Freizeit zu genießen. Daniela besitzt mittlerweile ihre eigene Wohnung und siehe da, diese ist immer aufgeräumt und blitzeblank geputzt. ☺

Der „talentierte" Armin

Im Kindergarten wurde ich einmal von der Kindergärtnerin angesprochen. Sie meinte, Armin hätte eine große Begabung, was seine Singstimme betrifft. Ich gebe zu, dass ich diese Aussage damals nicht sehr ernst genommen habe. Als mein Sohn wieder einmal die Schule wechseln musste (es waren in seiner Schulkarriere insgesamt drei Wechsel), war es sein Wunsch, in ein Sportgymnasium zu gehen, da er begeisterter Fußballer war. Leider bekam er zu unserem Ärger in der Sportklasse keinen Platz. Der berühmte „Zufall" wollte es aber, dass Armin stattdessen einen Platz in der Musikklasse bekam. In dieser Klasse war es jedoch Vorschrift, ein Musikinstrument zu spielen! In unserer Familie war Musik bis jetzt kein Thema gewesen. Immer stand der Sport an erster Stelle. Armins erster früher Versuch, im Kindergartenalter Flöte zu lernen, war kläglich gescheitert. Der damalige Flötenlehrer ist uns „davongelaufen".

Damit war das Thema Musikinstrument zum damaligen Zeitpunkt erledigt gewesen.

In dieser neuen, bereits erwähnten Klasse entschloss sich Armin, Gitarre zu lernen. Auch das nahm ich damals nicht wirklich ernst, daher zeigte ich auch kaum Interesse. Wieder schaltete sich der „Zufall" ein. Armin freundete sich nämlich sehr bald mit einem jungen Venezuelaner namens Toni an. Toni konnte herrlich Gitarre spielen! Vermutlich wurde ihm das Instrument in die Wiege gelegt! ☺

Nach ungefähr zwei, drei Monaten hörte ich eines Tages Musik aus dem Kinderzimmer tönen. Ich hörte zwei Stimmen und dachte zuerst, es wäre eine CD … Umso größer war meine Überraschung, als ich realisierte, dass Toni und Armin gemeinsam musizierten!

Bei einem Elternsprechtag erfuhr ich von der Musikprofessorin, dass ich ein „Musiktalent" zu Hause habe. (Dies war übrigens mein erster Elternsprechtag, an dem ich keine Kritik über meinen Sohn gehört habe, sondern nur Lob! ☺) Die Freundschaft mit Toni hat Armins Bestrebungen, Gitarre spielen zu lernen, aufs Beste gefördert! In kürzester Zeit sind die beiden dann öffentlich aufgetreten.

Toni und Armin galten während ihrer gemeinsamen Schulzeit beinahe als Stars. Und Armins frühere disziplinäre Schwierigkeiten waren wie weggeblasen! Schlussendlich kam es so weit, dass sich mein Sohn zum Casting eines großen Sing-Talente-Wettbewerbs des ORF anmeldete. Von hunderten Bewerbern schaffte er es, den zweiten Platz zu erreichen.

Es gab aber noch einen weiteren interessanten Aspekt: Das Hauptmerkmal dieses Wettbewerbs war es, dass jeder Teilnehmer laufend öffentlicher Kritik ausgesetzt war. Manche Kritiken klangen sehr verletzend und viele Teilnehmer bekamen dadurch ein psychisches Problem.

Armin konnte sehr gut damit umgehen. Denn er war imstande, Kritik zu akzeptieren, ohne in Selbstzweifel zu geraten! Seine Statements habe ich noch heute im Ohr: „Ich weiß, was ich kann. Jemand anderer darf seine eigene Meinung abgeben. Trotzdem bleibe ich meiner Linie treu!"

Der „ruhige" Daniel

Daniel war immer ein sehr sportliches Kind gewesen. Deshalb wollte er für seine weitere Berufslaufbahn ein Sportstudium wählen. Trotz seiner sportlichen Fähigkeiten schaffte er die Aufnahmeprüfung nicht. Anfangs war er sehr traurig darüber. Doch aus heutiger Sicht hatte die Sache auch etwas Gutes. Daniel war sozusagen „gezwungen" worden, eine andere Berufsausbildung zu wählen – und wurde Heilmasseur.

Gerade seine Fähigkeit, „ruhig und besonnen" zu agieren, kommt ihm heute in seiner Tätigkeit als Heilmasseur sehr zugute. Ich finde, er macht das ausgezeichnet! Daniel sucht zusätzlich immer neue Wege, um sein Talent durch weitere Ausbildungen und Lehrgänge zu fördern und seine Kenntnisse zu vervollständigen.

Mein Resümee: Aus dem ehemals „schüchternen, zurückhaltenden Kind" ist ja doch noch etwas geworden! ☺ Und – was mir jeden Tag große Freude bereitet ist, dass sich die drei nunmehr Erwachsenen untereinander sehr gut verstehen. Daniela, Armin und Daniel freuen sich jedes Mal gemeinsam über Erfolge und Fortschritte!

Partner-Bild

Beobachtungen wie auch persönliche Erfahrungen in meinem Bekannten-, Verwandten- und Freundeskreis haben mir oft und oft gezeigt, dass das Partnerbild der einzelnen Betroffenen nicht (mehr) passt. Ich meine damit, dass sich unsere Vorstellung, wie ein Partner oder eine Partnerin zu sein habe, im Laufe der Jahre ziemlich verändert. Mein eigenes Bild von damals, der „dominante, bestimmende" Mann, stimmt heute überhaupt nicht mehr für mich. Gott sei Dank.

Es war für mich ein längerer Weg, das stimmt. Und ich habe mich nicht gescheut, immer wieder in meinen eigenen Spiegel zu schauen. Meine Vorstellungen und Erwartungen haben sich ebenfalls verwandelt. Ich habe heute einfach andere Prioritäten, was mir wichtig in einer Beziehung ist und was nicht. Ich konnte feststellen, dass manche Paare aneinanderkleben und ständig damit beschäftigt sind, ihre in vielen Punkten unstimmige Beziehung aufrechtzuerhalten. Obwohl es ihnen schon dämmert, dass sie schon lange nicht mehr zueinander passen. Ich möchte dich hier keinesfalls auffordern, deine Beziehung sofort und gleich zu beenden, wenn es Meinungsverschiedenheiten gibt. Ich bitte dich aber, offen für Aussprachen zu sein, um neue Gegebenheiten schaffen zu können. Ich bin dagegen, dass wir aus falsch verstandenen Moral- oder Anstandsvorstellungen eine Beziehung aufrechterhalten oder an der alten Struktur festhalten – weil sich damit alle Beteiligten unglücklich fühlen würden. Du bist aber nicht geboren, um dich unglücklich zu fühlen, sondern um glücklich zu sein!

Vorwiegend Eltern tun sich schwer damit, an ihrem Partnerbild etwas zu verändern. Die Befürchtung, dass sich eine mögliche

Trennung der Eltern negativ auf die Kinder auswirken könnte, schwebt drohend über der längst notwendigen Entscheidung. Selbstverständlich wäre es für heranwachsende Kinder optimal, in einem harmonischen Kreis aufzuwachsen. Aber ehrlich hinterfragt: Wie oft kommt das wirklich vor? Welches Kind hat tatsächlich immer ein optimales Umfeld, bei dem alles eitel Wonne ist?

Wie du aus meinen Geschichten erkennen kannst, habe ich meine eigenen Erfahrungen mit Trennungen gemacht. Ich habe mich zwar vom Vater meiner Kinder getrennt, aber trotzdem haben unsere drei keinen Elternteil verloren – weil wir uns nie von den Kindern scheiden ließen.

Mittlerweile ist allseits bekannt, dass Kinder sowieso jede Unstimmigkeit zwischen den Eltern spüren, auch wenn sich diese noch so bemühen, ihren Sprösslingen eine intakte Beziehung vorzuspielen.

Mich berührt es immer wieder negativ, wenn geschiedene Paare gegenseitig über sich herfallen. Ich glaube, dass sich Kinder mit jedem Elternteil gleichermaßen identifizieren. Wenn sich nun nach einer Trennung eine Mutter als „gekränkte verlassene Frau“ präsentiert oder ein Vater als „gekränkter verlassener Mann“ und Schimpfkanonaden über den früheren Gefährten loslässt, ist das eine sehr heikle Angelegenheit. Kinder empfinden eine solche Verhaltensänderung möglicherweise als Kritik oder Schuld.

Mein Partner/meine Partnerin ist IMMER ein Spiegelbild von mir. Daher halte ich es für angebracht, besonders auf die angeblich „negativen“ Eigenschaften zu blicken! Genau dort ist eine Botschaft verborgen. Genau dort ist ein Geschenk für den/diejenige/n zu finden, der sich darüber aufregt oder ärgert oder behauptet: „Nein, so wie er/sie ist, bin ich NICHT“ oder „Nein, so will ich auf keinen Fall sein!“

Solltest du dich gerade in einer schwierigen Partnersituation befinden, könntest du, anstatt dich nur darüber zu ärgern oder zu kränken, etwas Neues ausprobieren. Du könntest in den Spiegel schauen und die vier Schritte der Spiegelgesetz-Methode® anwenden, um die wirkliche Botschaft zu begreifen. Du könntest die von dir negativ beschriebenen Eigenschaften deines Partners/deiner Partnerin in eine positive verwandeln, indem du dich fragst: „Was kann jemand X-Beliebiger besonders gut, der diese Eigenschaft voll auslebt? Was steckt für eine Begabung dahinter?“

Manchmal werde ich gefragt, ob man überhaupt noch ein „normales“ Leben führen kann, wenn man ständig entschlüsseln und verwandeln soll? Ich persönlich wende die Spiegelgesetz-Methode® immer dann an, wenn sich negative, für mich ärgerliche Situationen wiederholen.

Das Spiegelgesetz soll dich zur inneren und äußeren Freiheit führen und dir keinen Stress bereiten. Es soll dir einfach helfen, lockerer mit unangenehmen Lebensumständen fertig zu werden.

Ich persönlich sehe mein Leben heute wie ein Schauspiel oder ein Kabarett. Ärger, Wut, Traurigkeit oder Verzweiflung spüre ich zwar manchmal noch immer, aber mithilfe der Spiegelgesetz-Methode® gelingt es mir wesentlich schneller, diese Gefühle in nichts aufzulösen. Leidige Situationen gibt es immer weniger in meinem Leben und dafür bin ich sehr dankbar. Wirklich total aus dem Gleichgewicht bringen kann mich kaum noch etwas – weil ich seit nunmehr sechs Jahren einen kompetenten Begleiter gefunden habe, der meine trüben Gedanken und die begleitenden Gefühle wieder zurechtrückt: die Spiegelgesetz-Methode®.

ÜBRIGENS HÄTTE ICH BEINAHE ETWAS WICHTIGES VERGESSEN!

Adoption

Dieses Thema ist mir auch sehr wichtig, da ich einige schwierige Situationen damit erlebt habe, besonders dann, wenn die Außenwelt auf – sagen wir einmal – außergewöhnliche Situationen reagiert.

Als ich in jungen Jahren erfuhr, dass ich keine Kinder bekommen kann, war ich sehr, sehr unglücklich. Ich habe wirklich darunter gelitten und es war mir total unverständlich, warum ausgerechnet mir das passieren muss. Die Menschen in meiner Umgebung gaben mir noch den Rest. Jeder glaubte nämlich, mir einen sogenannten „guten" Rat geben zu müssen, der manchmal sehr verletzend für mich klang. Anstatt mich in meiner Idee, ein Kind zu adoptieren, zu unterstützen und mir zu helfen, einen Weg zu finden, um mit dieser Situation fertig zu werden, wurde ich ständig mit Ratschlägen zubetoniert.

Einige Beispiele dazu:

„Wie fühlst du dich eigentlich als Frau, wenn du keine Kinder bekommen kannst?"

„Sei froh, dass du keine Kinder bekommst, mit denen hat man eh nur Probleme."

„Das Schönste auf der Welt sind Kinder, das wirst du halt nie erfahren können."

„Einen Mann wirst du sicher nicht bekommen, denn die wollen alle Kinder."

„Frauen, die keine Kinder haben, werden im Alter sehr komisch!"

„Kinder kosten nur Geld und danken es dir nie!"

Ich habe trotzdem einen Mann gefunden und wir beschlossen recht bald, Kinder zu adoptieren.

Wiederum musste ich mir allerlei anhören:

„Wer weiß, was das für Fratzen sein werden!"

„Ich kenn da jemanden, der hat auch Kinder adoptiert und die waren so undankbar."

„Echte Muttergefühle wirst du nie kennenlernen, denn schließlich hast du sie ja nicht auf die Welt gebracht!"

Obwohl ich damals das Spiegelgesetz noch nicht kannte, war mir irgendwie klar, dass diese Statements auch teilweise meine Meinung waren. Ich wusste, dass ich tief im Innersten auch große Ängste hegte, was eine Adoption betraf. Trotzdem war mein Kinderwunsch größer als die Angst. Intuitiv folgte ich meinem Herzen und dafür bin ich heute noch sehr dankbar. Vielleicht kannst du daraus folgern, dass auch deine Herzenswünsche ihre Berechtigung haben und dir helfen werden, sämtliche Befürchtungen zu überwinden!

Ich halte es für wichtig, hier anzumerken, dass es mir völlig gleichgültig war, ob mir meine Kinder jemals danken werden, dass wir sie adoptiert haben. Wer mich in meinem Vorhaben sehr unterstützte, war mein damaliger Mann, denn er hatte die gleiche Meinung wie ich.

Heute bin ich so weit in meiner Meinung gefestigt, dass ich die Unterstellung, keine „richtigen Muttergefühle" entwickeln zu können, wenn ich ein Kind nicht selbst geboren habe, für ausgesprochenen Unsinn halte! Väter lieben ihre Kinder genauso wie Mütter – und ich kenne keinen Mann, der jemals ein

Kind zur Welt gebracht hat! Trotzdem gebe ich zu, dass jedes Mal bei solchen und ähnlichen Aussagen Traurigkeit und Unsicherheit in mir hochkamen.

Mit einem Wort gab es immer wieder Begebenheiten, wo ich mit dem Thema „Adoption" schmerzlich konfrontiert wurde. Als unsere Zwillinge noch klein waren, konnte ich damit noch halbwegs gut umgehen, weil ich mir einredete: „Immerhin ist das für viele eine außergewöhnliche Situation. Ist doch normal, dass ich damit das Interesse aller möglichen Leuten erwecke!" Trotzdem störte es mich mit der Zeit immer öfter, dass kaum jemand in meiner Umgebung akzeptierte, dass Daniela und Armin „meine" Kinder waren. Immer und immer wieder wurde ich mit Aussagen anderer konfrontiert und zu einer Meinung herausgefordert: „Ach ja, es sind ja nur angenommene Kinder…" oder „Das sind aber arme Kinder!"

Daniela war gerade drei Jahre alt und hörte einmal zu, wie man sie als „armes" Kind bezeichnet hatte. Ihre Frage kam wie aus der Pistole geschossen: „Warum bin ich auf einmal arm? Haben wir kein Geld mehr?" Ich erinnere mich noch genau an meinen Zorn von damals. Und Gott sei Dank: Bei mir hatte es geklickt! Ich stellte die Person, die diesen Ausspruch getätigt hatte, sofort zur Rede, doch sie blieb dabei: „So ein weggegebenes Kind muss doch arm sein!"

Diese Antwort hat mich zutiefst getroffen – und deswegen wusste ich:

AHA … es war an der Zeit für mich,
in den Spiegel zu schauen.

Schritt 1: Beschreiben

Was sagte mir die Aussage „… *weggegebene Kinder sind arm?*"
Was störte mich daran?
Was war so schlimm daran, „*weggegeben und arm*" zu sein?
Wie lautete mein Urteil über „weggegebene und arme" Kinder?

Es verletzte mich, dass meine Kinder so bezeichnet wurden. Vorher war ich „arm", weil ich keine eigenen Kinder bekommen konnte, und jetzt hatte ich welche und nun waren die Kinder „weggegeben und arm". In mir kamen Emotionen hoch wie Wut und Trauer.

Schritt 2: Akzeptieren und entschlüsseln

Also fragte ich mich: Warum oder wo empfinde ich mich „arm"? Oder empfinde ich meine Kinder selber als „arm"?

Mein Urteil (tauchte sofort auf):
„Diese Kinder werden NIE VOLL akzeptiert!"

Ich hatte meinen Glaubenssatz gefunden, aber trotzdem fehlte da noch was. Also hinterfragte ich ihn noch einmal und ersetzte DIE ANDEREN (akzeptieren meine Kinder nicht als meine) …, durch ICH (akzeptiere die Kinder nicht als meine). Das war sehr schmerzlich für mich, weil ich bis zu dem Zeitpunkt davon überzeugt gewesen war, dass ich das sehr wohl tat!! Um noch Genaueres über meine (!) eigene Nicht-Akzeptanz zu erfahren, kontaktierte ich Freunde, die sich mit der Spiegelgesetz-Methode® gut auskennen. Mein Urteil kam dann sehr schnell ans Tageslicht ->

Ich selbst (!) konnte NICHT akzeptieren, dass ich meine Kinder nicht geboren hatte.

Ich war es, die sich damit selbst als „Frau“ abwertete und als unwürdig erklärte.

Mit anderen Worten:

Ich hielt mich für nicht VOLLSTÄNDIG! Ich glaubte, keine „vollwertige“ Frau zu sein! Dies war ein „stiftender“ Gedanke, der in meinem Unbewussten vergraben gewesen war. Aus diesem stiftenden Gedanken heraus hatten sich weitere lieblose Glaubenssätze entwickelt, die ich im oberen Teil der Geschichte schon erwähnt habe.

Zu meiner Jugendzeit war es ein sehr wichtiges Thema: heiraten und Kinder kriegen! Ab meinem zwanzigsten Lebensjahr wurde ich in regelmäßigen Abständen von Tanten gedrängt:

„... jetzt wird's aber schon langsam Zeit, dass du dich um einen Mann umschaust und Kinder bekommst.“ Mit der Zeit war ich überzeugt davon: Um „vollständig“ zu sein, muss ich einen Ehemann und Kinder haben. Zwanghaft war ich auf Schwangerwerden programmiert. Alle Versuche schlugen fehl und ich war völlig verzweifelt. Mein Entschluss, Kinder zu adoptieren, war die Lösung meines Problemes im Außen. Innerlich wirkte unbewusst trotzdem noch mein „stiftender“ Gedanke: Eine „vollwertige“ Frau bekommt die Kinder selber. Dies projizierte sich auf die Kinder: „... nie voll akzeptiert zu werden“! Weil ICH mir selbst (versteckt, für mich nicht erkennbar) den Vorwurf gemacht habe, die Kinder nicht selbst auf die Welt gebracht zu haben, und mich somit nicht als „vollwertig“ betrachtete. Das führte dazu, dass ich mich „arm“ fühlte. Ich selbst war es, die die Adoption nicht voll akzeptiert hatte.

*Laut Spiegelgesetz-Methode® nach Christa Kössner (**Schritt 2** – Akzeptieren, Entschlüsseln, Umwandeln) finden wir jedoch in jeder scheinbar negativen Eigenschaft ein Geschenk, eine Fähigkeit, eine Stärke, eine Begabung!*

Ich akzeptierte: *Ich will mich arm fühlen!*

So fragte ich mich: *„Was kann jemand besonders gut, der sich arm fühlt?"*

arm – (umgewandelt positiv) einfach, natürlich, empfindsam

„Er/sie ist einfach und natürlich und dadurch sehr empfindsam."

Schritt 3: Danken und aufgeben

Meine lieblosen Glaubenssätze in Bezug auf vollwertige Frau und adoptierte Kinder schrieb ich auf ein Kärtchen. Ich ließ diese Sätze nochmals auf mich wirken und akzeptierte sie als meine eigene Verantwortung. Ich dankte dem lieben Gott und dem Universum und meinen Kindern dafür, dass ich dies erkennen durfte und dass sie mir dabei geholfen hatten. Schließlich verbrannte ich die Kärtchen mit ein paar Dankesworten.

Schritt 4: Neue Idee

Nach meinem kleinen Ritual ersetzte ich meinen „negativen" Glaubenssatz durch einen neuen Glaubenssatz, der mir innerliches Wohlgefühl bescherte:

„Ich bin eine emfindsame Mutter!"

Als ich meine Kinder zum ersten Mal in meinen Armen hielt, waren sie ein paar Tage alt. In diesem Augenblick schoss ein unglaublich schönes, mütterliches Gefühl mit Volldampf in mich hinein! Dies ist bis heute geblieben. Mir war und ist bewusst, dass Kinder Gottesgeschenke sind!

Es hat bis heute keinen einzigen Tag gegeben, an dem ich bereut hätte, Kinder adoptiert zu haben. Auch nicht während der Pubertät ☺, vor der ich mich ja so gefürchtet hatte. Heute im Rückblick und mit dem Wissen um die Spiegelgesetz-Methode® darf ich behaupten, dass ich all die Jahre früher das Spiegelgesetz unbewusst angewandt hatte. Während der schwierigen Zeit vor der Adoption hatte ich nämlich fast schon erkannt, dass die anderen nur ihre eigenen Meinungen auf mich projizierten. Diese Meinungen waren ein Geschenk für mich, denn dadurch war es mir möglich, meinen eigenen negativen stiftenden Gedanken aufzustöbern, den ich oben erwähnte.

Erschreckend waren auch die „negativen" Meinungen über Mütter, die ihre Kinder zur Adoption freigeben. Vielleicht hast auch du so ein Urteil, wenn ja, bedenke bitte, dass jeder seine Gründe für ein solches Vorhaben hat, und sei vorsichtig mit harten Verurteilungen. Niemand hat das Recht, über eine Entscheidung, die ein anderer trifft, zu urteilen – das ist meine ehrliche Meinung.

Mir hat die biologische Mutter meiner Kinder das schönste Geschenk meines Lebens gemacht, weil sie mir ihre Kinder anvertraut hat! So sehe ich das wirklich. Sie hat aus meiner Sicht heraus ihren Zwillingen gegenüber verantwortungsvoll gehandelt, weil sie selbst aus ihrer gegebenen Lebenssituation heraus ihren Kindern nicht viel hätte bieten können.

In meinem Umfeld gab es einige Paare, die ungewollt kinderlos waren. Auskünfte im Adoptionsbüro waren frustrierend, da hunderte von Paaren angemeldet waren und es nur wenige Kinder gab, die zur Adoption freigegeben wurden. Einige Paare waren sehr verzweifelt und der Meinung: „… das hat ja gar keinen Sinn." Ich selbst war beharrlich und habe diese Paare aufgemuntert, es trotzdem zu versuchen. Gott sei Dank hat es bei mir sehr schnell geklappt. Dies war auch ein sehr gutes Beispiel für die anderen. Ein Paar bekam sogar nach drei Jahren noch ein zweites Kind dazu, da darauf geachtet wurde, dass Geschwister zusammengeführt wurden.

Ich sehe Adoption als optimale Lösung und bin froh, dass es diese Möglichkeit überhaupt gibt. Dass es Frauen gibt, die den Mut haben, sich zu so einem Schritt zu entscheiden. Es gibt sehr viele Frauen, die das Problem haben, ungewollt schwanger zu werden. Viele Umstände können dafür sprechen, warum sie ungewollt schwanger werden oder ihre Lebensumstände nicht dafür geschaffen sind, Kinder zu versorgen.

Mir wäre es ein großes Anliegen, Frauen, die sich in einer solchen Situation befinden und so eine Entscheidung treffen müssen, zu unterstützen und ihnen beizustehen.

Eine beglückende Geschichte noch zum Thema „Kinderwunsch".

Kinderwunsch: Es will und will nicht „klappen"!

Eine Freundin vermittelte mir einen jungen, attraktiven Mann, der bei einem Arbeitsunfall ein Bein verloren hatte. Er war in ein Förderband geraten. Sein Arbeitskollege, der gleichzeitig sein Nachbar war, hatte den Not-Stopp-Knopf gedrückt, aber es war zu spät. Der junge Mann wurde so schwer verletzt, dass ihm ein Bein amputiert werden musste. Er brauchte ungefähr zwei Jahre, bis er wieder ein normales Leben führen konnte. Auch hatte er sich während dieser Zeit so weit gefangen, dass er Sport betreiben konnte.

Als er zu mir kam, war es sein Anliegen, mit seiner Frau ein Kind zu haben, denn es hatte bis dato nicht geklappt. Untersuchungen beiderseits hatten ergeben, dass es eigentlich keinen medizinischen Grund dafür gab, warum sich bis jetzt kein Nachwuchs eingestellt hatte.

Bei der Schilderung seines Unfalles ist mir aufgefallen, dass der junge Mann immer wieder seinen Arbeitskollegen erwähnte, und zwar mit den Worten „Ich bin nicht wütend auf meinen Arbeitskollegen! Er hat zu spät den Knopf gedrückt, aber er hat es ja nicht absichtlich getan."

Eines störte ihn ganz besonders. Wenn er den Kollegen mit seinem Kind sah, dann sei er schon ein bisschen neidisch, weil er selber so gerne ein Kind hätte.

Mir war sofort klar, dass da sehr wohl Wut auf den Kollegen vorhanden war.

AHA … es war an der Zeit für Herrn B., in den Spiegel zu schauen.

Schritt 1: Beschreiben

Was zeigte ihm sein Nachbar?
Was klickte da bei ihm an? Es war Neid und Hass!

Als ich ihn darauf ansprach, verneinte er es. Ich ließ bei unserem Gespräch nicht locker und siehe da, plötzlich kam es von ihm sehr wohl heraus:

Herr B:
Seine Worte im Originaltext:
„Du hast recht. Wenn ich Herrn B. mit seinem Kind auf dem Fahrrad sehe und er mir auch noch freundlich zuwinkt, bin ich voll Wut und Hass!! Aber ich weiß schon, dass das nicht RICHTIG ist (!).

Ich denke, der hat es gut. Er hat alles, ein Kind, seine Gesundheit und alles funktioniert bei ihm. Ich gönne es ihm ja schon ☺ !!! (war logischerweise eine Lüge). Immer wieder muss ich daran denken, dass er zu langsam reagiert hat und ich ihm verdanke, dass mir ein Bein fehlt. Die Wahrheit ist, dass ich ihm das neide und „ich meinen Kollegen hasse!“

Jetzt bin ich selbst überrascht, wie groß mein Zorn ist!“

Er war sehr erschüttert, wie hasserfüllt er war und dass er sich nicht getraut hatte, sich das selber einzugestehen. Denn das darf man ja nicht! Er hat sich selbst verurteilt, ein solches Gefühl zu haben.

Schritt 2: Akzeptieren und entschlüsseln

Sein Urteil (tauchte sofort auf):
„DER ist gesund und Vater! Der ist schuld, dass ich ein Krüppel bin!“

Die ganze Zeit über wollte er seinen Ärger oder Zorn verdrängen. Dadurch entfachte sich sein Neid-Gefühl immer mehr. Im Fall von Herrn B. war es also notwendig, dass er sich erlauben musste, Zorn und Wut überhaupt haben zu dürfen! Nach ein paar Minuten wurde es für Herrn B. erkennbar, wie neidisch er **wirklich** auf seinen Nachbarn war, und diese Erkenntnis traf ihn so, dass er seine negativen Gefühle nach wie vor zurückdrängen wollte. Für das Thema „Neid" brauchten wir eine ganze Weile. Trotzdem wurde ich mein Gefühl nicht los, dass irgendetwas Bestimmtes noch nicht passte. Ich ahnte, da gibt es noch etwas Verstecktes, den lieblosen Glaubenssatz, den Herr B. letztlich doch aussprechen und akzeptieren konnte:

„Ein Krüppel kann kein GUTER Vater sein!"

Laut Spiegelgesetz-Methode® nach Christa Kössner finden wir jedoch in jeder scheinbar negativen Eigenschaft ein Geschenk, eine Fähigkeit, eine Stärke, eine Begabung!

Herr B. akzeptierte: *Ich bin hasserfüllt und neidisch!* ☺

Die Frage: *„Was kann jemand besonders gut, der so hassen und neidisch sein kann?* ☺

Neid (neidisch) – (positiv umgewandelt) Motivation, motivierend
Hass – (positiv umgewandelt) temperamentvoll

Herr B. erreicht mit seinem Temperament und der entsprechenden Motivation ALLES.

Schritt 3: Danken und Aufgeben

Herr B. schrieb seine Überzeugungen auf ein Kärtchen und ließ sie ein letztes Mal auf sich wirken. Er übernahm für seine Glaubenssätze die Verantwortung und bedankte sich, dass sein Nachbar als das entsprechende Spiegelbild dazu beigetragen hatte, seine Lieblosigkeit zu erkennen. Wir verbrannten anschließend gemeinsam die negative Überzeugung des Herrn B. mit ein paar Dankesworten.

Schritt 4: Neue Idee

In Folge davon wählte Herr B. folgende Idee:

„Ich kann ALLES."

Drei Monate später wurde seine Frau schwanger. Mittlerweile ist sein Kind knappe drei Jahre alt. Auch das Verhältnis zu dem Arbeitskollegen hat sich verbessert, Herr B. hat nämlich mit seinem Kollegen auch über seinen Ärger gesprochen. Zusammengefasst kannst du anhand der Geschichte des Herrn B. erkennen, dass negative Gefühle, wie zum Beispiel der Neid des Herrn B., Wegweiser zu einer neuen Sichtweise sind, die sich bei Herrn B. in der Erfüllung seines Kinderwunsches realisiert hat.

Dieses Beispiel zeigt, wie Emotionen, die unterdrückt werden, sich auch körperlich manifestieren. Es war den Ärzten unerklärlich, warum Frau B. nicht schwanger wurde trotz Gesundheit beider Partner.

Bei Herrn B. war es eine rein seelische Blockade, die den Kinderwunsch verhinderte.

(Christa Kössner, „Meine Krankheit spiegelt mich ...)

Herr B. hat es geschafft, mit seinem Arbeitskollegen nach einer ehrlichen Aussprache Frieden zu schließen. Sein Kollege war sogar sehr dankbar dafür, da er selbst sehr unter Schuldgefühlen gelitten hatte. Auch der Kollege hatte immer ein schlechtes Gewissen gehabt, wenn er Herrn B. begegnete, weil er der Überzeugung war: „Ich habe diesen Unfall verschuldet." Durch die mutige Ehrlichkeit von Herrn B. konnten sich beide aus ihren Schuldgefühlen befreien.

Die Spiegelgesetz-Methode® nach Christa Kössner

Schritt 1: BESCHREIBEN

Beschreibe in Eigenschaftswörtern ... die Person, das Tier, die Situation, das Auto, das Konto, das Gerät, das Krankheitssymptom ... der/die/das dich stört, aufregt, ärgert, unglücklich macht usw.

Wichtig dabei ist, wirklich mutig und ehrlich zu sein und die Eigenschaft, egal wie „hässlich" das Wort auch ist, auszudrücken. Es nichts zu beschönigen.

Schritt 2: AKZEPTIEREN UND ENTSCHLÜSSELN

Zum Akzeptieren ersetze die Person, das Tier, die Situation, das Auto, das Gerät, das Krankheitssymptom, das Konto ... durch das Wort ICH.

„AHA – ICH BIN DAS, ICH WILL DAS SO!"

Dies bereitet manchmal ein sehr unangenehmes Gefühl, das ist dann der Beweis, dass es richtig ist. Denn genau aus diesem Grund will man es ja an sich selber nicht sehen.

Zum Entschlüsseln der „Liebes"-Botschaft verwandle die scheinbar „negativen" Eigenschaftswörter in ihre „positive" Essenz. Hilfefragen dazu:

„Was kann jemand besonders gut, wenn (und jetzt das Eigenschaftswort einsetzen) ...?"

Das Eigenschaftswort ist neutral, wir alleine verbinden damit etwas. Wir geben den einzelnen Eigenschaften die Bedeutung. Manchmal ist es hilfreich, jemand anderen zu fragen, was er Positives darin finden könnte.

Zum Auffinden des „lieblosen“ Glaubenssatzes dagegen frage dich:

„Was ist daran so böse, gefährlich oder schlecht?“ oder „Wie denkt die Gesellschaft darüber?“ „Was passiert demjenigen?“ oder „Warum will ich oder darf ich nicht so sein?“

Schritt 3: DANKEN UND AUFGEBEN

Schreibe deinen „lieblosen“ Glaubenssatz auf einen Zettel, lasse diesen ein letztes Mal auf dich wirken, bedanke dich bei Gott oder dem Universum für das Erkennen deines falschen Urteiles oder deiner Überzeugung und verbrenne dann den Zettel.

Schritt 4: NEUE IDEE

Als Erschaffer oder Schöpfer von Tatsachen hast du jetzt Platz in deinem Geist geschaffen für eine neue Idee oder eine neue Überzeugung. Diese neue Idee oder neue Überzeugung beschert dir jene Tatsachen, die dein Herz erfreuen. Diese neue Idee schreibe auf ein Kärtchen, das du bei dir trägst. Es möge dich stets an deine neue Idee, an deinen Leitspruch, erinnern.

Die Idee sollte kurz und prägnant sein. Umso wirkungsvoller wird sie, wenn sie mit „Ich kann…!“ „Ich bin …!“ oder „Ich habe …!“ beginnt.

Zusammenfassung

Wann immer dir an deinen Kindern ein Verhalten auffällt, das dich ärgert oder in irgendeiner Weise aus deiner Mitte reißt, halte bitte inne. Negative Emotionen sind IMMER ein Zeichen dafür, dass du im Spiegel deiner Kinder ein Geschenk (DEINES!) finden kannst. Sage dir:

AHA … es ist Zeit für mich,
in den Spiegel zu schauen.

Unter Anwendung der Spiegelgesetz-Methode® nach Christa Kössner kannst du dein Geschenk ganz leicht herausfinden, weil dir deine Kinder immer etwas vorleben, das du dir selbst verweigerst oder nicht eingestehst. Es handelt sich dabei um Eigenschaften, die du aufgrund negativer Urteile ablehnst. Verwandle die scheinbar negativen Eigenschaften deiner Kinder in ihre positive Essenz. Du erkennst den guten Kern in wirklich allen negativ empfundenen Eigenschaften, indem du dich fragst: „Was kann jemand echt gut, welches Talent hat jemand, der sich so … oder so … verhält?“ Das Aufstöbern deiner eigenen lieblosen und damit negativen Meinung gegen DIESE Eigenschaft ist dann fast nur noch ein Kinderspiel. Du brauchst dich nur zu fragen, was du befürchtest, wenn du diese Eigenschaft so richtig auslebst!?

Kinder sind ein Geschenk. Deine Kinder sind dein größtes Geschenk, deine aussagestärksten Spiegelbilder! Kann es dann noch schwierig für dich sein, mit liebevollen und offenen Augen auf deren Verhaltensweisen zu blicken? Du wirst so verblüfft sein über das, was dann passiert, wie ich es oft war und immer noch bin. Wenn wir nämlich die wirkliche Botschaft, das Geschenk, unseres Kindes angenommen haben, verwandelt sich das Verhalten des Kindes wie von selbst.

Ich wünsche euch, liebe Eltern, viel Mut, viel Freude und viel Erfolg mit euren Kindern und mit der Spiegelgesetz-Methode®. Es lohnt sich bestimmt, einmal etwas Neues auszuprobieren! Denn:

„Ich kann immer nur mir selbst begegnen!"

Dorothee Döring
Erste Hilfe bei Kränkungen
Seelischen Verletzungen in der Familie aktiv begegenen

In diesem Buch erfahren Sie etwas über die Ursachen von Kränkungen, über die Folgen (Symptome) und Strategien: erkennen, benennen, verändern mit dem Ergebnis, sich zu immunisieren, kritikresistent und damit unangreifbar zu werden. Die Autorin zeigt, dass wir Kränkungen nicht hilflos ausgeliefert sind und wie wir uns dagegen immunisieren können. Statt mit Ohnmacht, Selbstzweifeln, Hilflosigkeit, Wut, Enttäuschung oder Depression zu reagieren, können wir lernen, uns gegen seelische Kränkungen zu wappnen.
ISBN 978-3-85068-693-8, 208 Seiten, br., Format 148 x 210 mm

Helmuth de Waal / Christoph Thoma
Wege aus der Elternfalle
Was in der Erziehung wirklich getan werden kann

Eltern werden von allen möglichen Leuten für alles Mögliche schuldig erklärt, nämlich indem sie entweder das Falsche tun oder das Richtige unterlassen. Im selben Maß, wie den Eltern Machbarkeit suggeriert wird, erleben sie, dass ihr tatsächlicher Einfluss geringer wird: Fernsehen, Kindergarten, Werbung, gesallschaftlicher Druck usw. kommen hinzu. Alle reden und regieren mit – von Anfang an. Eltern, gerade weil sie gute Eltern sein wollen, sind in dieser genial konstruierten Elternfalle gefangen. Dieses Buch zeigt Eltern – anhand vieler praktischer Beispiele – Wege aus der Elternfalle auf.
ISBN 978-3-85068-617-5, 224 Seiten, br., Format 148 x 210 mm

Ennsthaler **Bücher für ein bewusstes Leben**

Schlüssel zum Glücklich-Sein
Das Spiegelgesetz

Das Buch eröffnet eine völlig neue Sichtweise der Wirklichkeit. „Alles, was dir im Leben passiert, erzählt von dir selbst“, sagt die Autorin. Unangenehme Erfahrungen sind Ausdruck der inneren Unzufriedenheit. Das bislang anschaulichste Buch über einen Weg zum Glücklichsein, den jeder leicht findet: Wer in Situationen des täglichen Lebens und in Menschen, die ihm begegnen, das Spiegelbild seiner selbst erkennt, hat den Schlüssel zum inneren Frieden gefunden. Ein 16-seitiger Übungsteil ergänzt dieses erstaunliche Buch.
ISBN 978-3-85068-768-3, 112 Seiten, geb., Format 135 x 210 mm

Mein Haustier spiegelt mich
Das Spiegelgesetz

Tiere reagieren nicht nur auf unsere Zuneigung, sondern agieren auch auch UNSERE nicht beachteten negativen Gedanken, Überzeugungen und Glaubenssätze aus. Und deshalb ist es uns möglich, vom Verhalten unserer Haustiere einen Rückschluss auf uns selbst zu ziehen und die wahre Botschaft zu empfangen. Viele berührende Beispiele in diesem Buch beweisen die einfache und rasche Anwendung der Spiegelgesetz-Methode® in vier Schritten, welche von der Autorin selbst entwickelt wurde.
ISBN 978-3-85068-591-7, 112 Seiten, geb., Format 135 x 210 mm

Ennsthaler **Bücher für ein bewusstes Leben**

Die Spiegelgesetz-Methode®
Praktischer Wegweiser in die Freiheit

Die Spiegelgesetz-Methode® dauert nur ein paar Minuten, ist kostenlos und erlöst augenblicklich aus jeder Form der Abhängigkeit. Wer ein glücklicher Mensch sein will, der sein Leben liebt, sollte sich bewusst machen, dass eine Verwandlung seiner unglückseligen Vorstellung von sich selbst notwendig ist. Das ist möglich. Es ist sogar augenblicklich möglich, wenn wir bereit sind, beherzt in den Spiegel zu schauen. Jeder unangenehme Lebensumstand ist eine Verwirklichung eines lieblosen Glaubenssatzes von uns. Indem wir das Spiegelbild als unsere eigene Erfindung akzeptieren und entschlüsseln, können wir uns davon befreien.
ISBN 978-3-85068-579-5, 112 Seiten, br., 11,8 x 17 cm

Spiegelgesetz-Methode®-CD
Praktischer Wegweiser in die Freiheit
Von der Autorin selbst gesprochen

Du bekommst auf dieser CD zuerst ein paar allgemeine Informationen über die Wirkungsweise des Spiegelgesetzes und dann stellt die Autorin die verschiedenen Spiegelungen vor: Personen, Situationen oder Krankheitssymptome. Aber auch Haustiere, Autoschäden, Wohnungen und auch Spiegelbilder im Beruf. Einige praktische Beispiele runden das Ganze ab und ermöglichen dir die sofortige Anwendung der Spiegelgesetz-Methode®.
ISBN 978-3-85068-698-3, Laufzeit: 74 min.

Ennsthaler **Bücher für ein bewusstes Leben**

Mein Auto spiegelt ... MICH
Das Spiegelgesetz

Mit diesem Buch gewinnt man schnelle Selbsterkenntnis, basierend auf einer ungewöhnlichen Behauptung: Unsere Überzeugungen und unsere Glaubenssätze verwirklichen sich auch in unseren Autos. Ihr Auto ist nicht nur eine Anhäufung von Metall, Gummi und Drähten – sondern das exakte Spiegelbild Ihres Denkens und Glaubens. Jeder Schaden, der sich an Ihrem Wagen zeigt, entspricht einem „Schaden“, den Sie sich selbst in einem ganz bestimmten Punkt zufügen, durch ein wenig erfreuliches Denkschema.
ISBN 978-3-85068-578-8, 152 Seiten, Format: A 5, br.

Christa Kössner / Dr. Leopold Leeb / Alois Senger
Meine Krankheit spiegelt mich
Individuelle Symptom-Entschlüsselung mit der Spiegelgesetz-Methode®

Krankheitssymptome sind Spiegelbilder. Was außen – an meinem Körper – sichtbar wird, ist auch innen – in meinem Denken und Glauben – vorhanden. Der Ursprung von Krankheiten ist in der Geisteshaltung des Patienten zu finden. Das Symptom macht Lieblosigkeit, Einschränkung und Mangel sichtbar. Das Spiegelbild wirft ein völlig neues Licht auf Krankheitssymptome und unterstützt die Heilung des Patienten.
ISBN 978-3-85068-594-8, 112 Seiten, Format: A 5, br.

Ennsthaler **Bücher für ein bewusstes Leben**

Mein göttliches Kind
Autobiographie

In ihrer offenherzigen Autobiographie lässt die bekannte Autorin und Begründerin der Spiegelgesetz-Methode® den Leser unter anderem miterleben, wie sie durch zwei außergewöhnliche Erlebnisse in ihrem Leben imstande war, einen Blick hinter die Kulissen des menschlichen Bewusstseins zu tun. Diese Gnade ermöglichte ihr die Entschlüsselung und Heilung ihres Karmas.
ISBN 978-3-85068-620-4, 136 Seiten, Format: 12 x 19,5 cm, br.

Erzählungen vom lieben Gott
für Klein und Groß

Zehn berührende Geschichten – von der Autorin selbst liebevoll illustriert – beweisen ihre innige Verbundenheit mit dem lieben Gott, der immer dann eingreift, wenn der Kummer seiner Geschöpfe unerträglich zu werden droht. Immer weiß er den besten Rat und wenn dieser auch nicht hilft, dann lässt er eben ein Wunder geschehen …
ISBN 978-3-85068-606-8, 72 Seiten, Format: 19 x 20 cm, geb.

Ennsthaler **Bücher für ein bewusstes Leben**

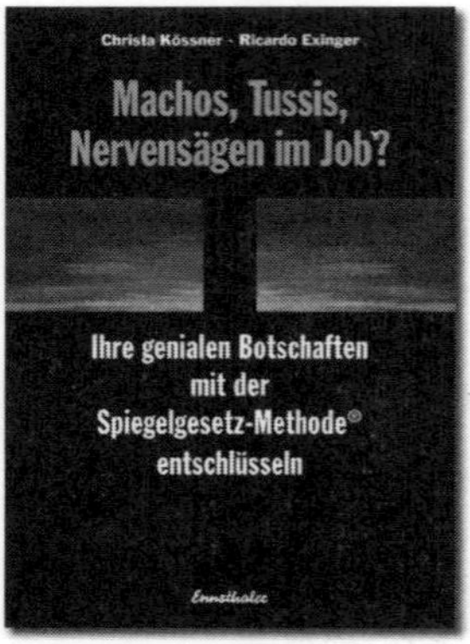

Christa Kössner/ Ricardo Exinger
Machos, Tussis, Nervensägen … im Job
Ihre genialen Botschaften mit der Spiegelgesetz-Methode® entschlüsseln

Lustlosigkeit, Stress, Überaktivität oder Unzufriedenheit im Berufsleben sind Erscheinungsbilder, die den obersten Manager genauso betreffen wie den Mitarbeiter. Die Autoren zeigen unter anderem zweierlei auf: herkömmliche Umgangsweisen, die dauerhafte Berufsfreude und Erfolg kaum garantieren – und die einfache Anwendung der Spiegelgesetz-Methode® in vielen praktischen Beispielen. Sie bringt die entscheidende Wende, weil das Problem in seinem Ursprung gelöst wird.
ISBN 978-3-85068-621-1, 168 Seiten, Format: A 5, br.

Thomas Kössner
Zauberformel »… UND PUNKT!«
In Anlehnung an die Spiegelgesetz-Methode® – mit Übungsteil von Christa Kössner

Das Buch ist ein Wegbegleiter für Menschen, die vom Komplizierten genug haben und das Einfache schätzen. UND PUNKT – eine Zauberformel, die dich auf der Stelle in jemanden verwandeln kann, der du immer schon sein wolltest: ein authentischer, zufriedener Mensch mit absoluter Entscheidungsfreiheit. Der gereifte Entschluss eines Erwachsenen, endgültig mit der Vergangenheit abzuschließen …
ISBN 3-85068-679-2, 136 Seiten, br., Format 12 x 19,5 cm

Ennsthaler **Bücher für ein bewusstes Leben**

Das Glaubenssatz-Spiel
Kartenset mit 12 Themen zu je 10 Karten mit Spielregeln

Die meisten Menschen haben nur einen Wunsch: glücklich zu sein! Doch die wenigsten nehmen ihr Recht auf Lebensfreude, Würde, Zufriedenheit und Wohlstand in Anspruch – weil es einfacher scheint, an Glaubenssätzen festzuhalten, die auf Lieblosigkeit, Einschränkungen und Mangel hindeuten. Das Glaubenssatz-Spiel besteht aus 120 Karten, die sich in 12 Lebensthemen zu je 10 Karten aufteilen. Auf ihnen findest du neue, LIEBEVOLLE Glaubenssätze, die deine oftmals lieblosen individuellen Gültigkeiten aufheben sollen.
120 Karten mit Booklet,
ISBN 978-3-85068-614-3

Spruchbilder

Die Spiegelgesetz-Methode® gliedert sich in vier Schritte. Schritt 4 ist eine NEUE IDEE, die dein Herz erfreut. Auf 24 Karten werden neue, positive Glaubenssätze durch anmutige Illustrationen der Autorin untermalt.
24 Motive, „Kössner Spruchbild 1 bis 24"
Kartenformat: 14,8 x 10,5 cm
24-er-Set: ISBN 978-3-85068-725-6

Ennsthaler **Bücher für ein bewusstes Leben**